La Reforma y el cristianismo en el siglo XXI

Máximo García Ruiz

Editorial CLIE
www.clie.es

EDITORIAL CLIE
C/ Ferrocarril, 8
08232 VILADECAVALLS
(Barcelona) ESPAÑA
E-mail: clie@clie.es
http://www.clie.es

© 2017 por Máximo García Ruiz

© 2017 por Editorial CLIE.

La Reforma y el cristianismo en el siglo XXI
ISBN: 978-84-16845-75-0
Depósito Legal: B 12600-2017
Confesiones cristianas
Historia
Referencia: 225037

Impreso en España / Printed in Spain

CONTENIDO

ADVERTENCIA PRELIMINAR

Afrontamos el reto de escribir un libro conmemorativo de los quinientos años de la Reforma protestante plenamente conscientes de que se trata de un proyecto arriesgado, ya que sobre el tema existe una bibliografía extensísima, también en castellano, en la que no faltan tesis doctorales, que cubre sobradamente la historia de este acontecimiento de dimensión universal.

Por nuestra parte, no pretendemos hacer una historia *de* la Reforma sino, más bien, una historia *sobre* la Reforma. Por consiguiente, el libro que tienes en tus manos no es Historia en su sentido académico y científico. No pretendemos un registro de todos y cada uno de los hechos acaecidos con ocasión de ponerse en marcha el movimiento de reforma de la Iglesia tal y como se produjo a partir del siglo XVI.

Entonces, ¿en qué consiste esta historia? Al cumplirse los quinientos años del acto considerado como el inicio de la Reforma, es decir, la publicación de *Las 95 tesis* de Lutero, pretendemos ofrecer al lector una visión global de lo que fue y supuso en el medio social en el que se produjo, a fin de que los no iniciados en el tema puedan alcanzar una perspectiva general del qué, del porqué y del para qué de este acontecimiento.

Hemos tratado de ser rigurosos en el relato de los hechos que hemos seleccionado como más relevantes y hemos extraído de esos datos las reflexiones de calado a fin de que los lectores puedan tener acceso a un conocimiento básico de un acontecimiento tan trascendente como fue la Reforma protestante, iniciado en el siglo XVI.

Es, por lo tanto, una historia sobre la Reforma divulgativa, respetuosamente trazada, que proporcionará al lector información suficiente de lo acaecido en Europa en el inicio de la Edad Moderna, con proyección en los siglos siguientes y dimensión universal. Un acontecimiento sin el que sería imposible explicar la historia de la configuración de los estados modernos europeos y, por extensión, la historia universal.

Dedicamos un capítulo a España, ofreciendo información acerca de lo que fue o pudo haber llegado a ser la Reforma en el siglo XVI y su proyección a la época actual, poniendo atención en su perfil teológico y eclesiológico y ofreciendo datos sobre su presencia en territorio español.

En resumen, un relato histórico de dimensión enciclopédica que, los lectores que lo deseen, podrían encontrar desarrollado en varios tomos y por muy diversos autores; un relato que ofrecemos en su esencia en un volumen reducido, y lo hacemos asumiendo el reto que supone llevar a cabo esta empresa, sin menoscabo del rigor que una obra como esta demanda.

Navidad de 2016

PRÓLOGO

Riqueza y variedad de un movimiento que sigue vivo

Muchos son los acercamientos que se han realizado en torno a la Reforma protestante. Y en el año 2017, cuando se cumplen quinientos años de la publicación de *Las 95 tesis* sobre las indulgencias por parte del agustino Martín Lutero, sin duda, se realizarán muchas más.

Los trabajos actuales suelen realizarse, en general, con el ánimo pausado, y desprovistos de palabras lacerantes más propias de un clima de pugna y confrontación. Afortunadamente, la idea que tanto costó construir de tolerancia y de la necesidad de una convivencia pacífica entre las diferentes corrientes de pensamiento va ganando terreno, y debe hacerlo sin dejarnos arrastrar por la pérdida de la identidad ni por la construcción de una ética y una religión cristianas que avanzan incorporando, sincréticamente, elementos de la cultura y de la moral populares, elementos que, en ocasiones, son ajenos al cristianismo.

¿Cómo encontrar, entonces, el equilibrio? Hace quinientos años, Lutero nos propuso un camino a los cristianos, un camino, en buena medida, a contracorriente de los usos y prácticas de la época, pero también sabiendo aprovechar los resortes y puntos de apoyo de la situación circundante.

En esta perspectiva histórica que constituye la primera parte del libro, Máximo García nos muestra también como mucho antes que Lutero ya se habían realizado propuestas de mejora y de reforma de la cristiandad y la Iglesia cristiana, pero sus intentos lograron un escaso éxito y, en muchas ocasiones, costaron la vida a sus promotores. Lutero, sin embargo, consiguió eludir ese riesgo, y pudo hacerlo gracias al entorno que, según nos muestra Máximo García, rodeó y protegió la actividad de este monje agustino. Un ambiente político no exento de intereses contrapuestos y de tensiones internas, la modernidad industrial y el capitalismo que pugnaban con presentarse en la escena social, una sociedad cargada de normas y de señores, una comunidad con un gran porcentaje de analfabetismo y un deseo de liberación de vindicar la identidad nacional... Estos y otros elementos son presentados por Máximo de manera esquemática y accesible, ofreciéndonos una panorámica que puede permitirnos una comprensión global de este importante evento que desplegó, posteriormente, importantes efectos en sociedades, no solo protestantes, sino también de países católicos, donde se impulsaron, con la Contrarreforma, algunas medidas que, quizás sin la Reforma, nunca hubieran sido adoptadas o se hubieran retrasado.

En la segunda parte del texto, Máximo García nos ofrece un análisis sintético de las principales corrientes y líneas de la Reforma que se han ido produciendo a lo largo de estos quinientos años. Su análisis nos puede ayudar a comprender por dónde discurren las líneas evolutivas de los movimientos reformadores, examinando cuáles son sus similitudes y sus diferencias. Considero que este apartado es relevante porque los cristianos evangélicos y protestantes solemos explicarnos mal. Cada uno habla de lo suyo y son pocas las ocasiones en las que podemos alejarnos de nuestra vivencia personal y adquirir perspectiva para contemplar la *variedad y riqueza de un movimiento vivo* que no ha dejado de evolucionar de manera extensible en estos quinientos años, aunque manteniendo, en la mayoría de los casos, un núcleo de valores, historia, principios de fe e identidad común.

El autor no pretende desgranar ni calificar esa variedad, sino presentar su opinión sobre los grandes vectores por los que ha discurrido y discurre el movimiento de las Iglesias de la Reforma.

El tercer apartado está dedicado a presentar, con el enfoque antes citado, un esquema de la historia del protestantismo en España, analizando el origen del establecimiento de las principales corrientes o familias denominacionales, y ofreciendo algunos apuntes valorativos sobre las peculiaridades y analogías de cada grupo. En mi opinión, estas aportaciones, de las que, en algunos casos, se podrá disentir o matizar, suponen un buen aporte no solo para ajenos, sino también para los propios evangélicos y protestantes que, en demasiadas ocasiones, han sido instruidos en su fe cristiana de una forma *ahistórica*.

La fe en Cristo y la vuelta a las Escrituras en asuntos de fe y práctica cristiana no va reñida con el conocimiento de la fe de nuestros antecesores que, para bien y para mal, constituyen la *herencia y fundamento de buena parte de nuestras instituciones, actitudes y doctrinas*.

Al cumplirse estos quinientos años, nos viene bien mirar hacia atrás para aprender de nuestros predecesores su valor y su fe, sus aciertos y sus errores, de modo que puedan ser un revulsivo para trabajar en nuestra parte de la construcción, a favor de una Iglesia más pura y una sociedad más justa y solidaria.

Mariano Blázquez Burgo
Enero, 2017

I
Europa en los siglos XIV y XV

Importa, y mucho, situar el relato histórico dentro de su propio contexto y tomar en consideración aquellos hechos que han podido influenciar en su existencia y desarrollo. En lo que a la Reforma protestante se refiere, surge en un período de la historia de renacimiento intelectual y de expansión geográfica que son factores determinantes para situarnos ante los hechos históricos a los que pretendemos aproximarnos.

Efectivamente, después de una larga etapa de oscurantismo, a partir del siglo XVI irrumpe con fuerza en los círculos intelectuales una pasión por recuperar a los grandes pensadores del pasado, de bucear en los clásicos y actualizar sus enseñanzas, dando paso a una época luminosa del saber que promueve y facilita la aceptación de nuevas ideas.

El descubrimiento del Nuevo Mundo ofrece, por otra parte, un espacio geográfico plagado de retos, de afán de conquista, de nuevas oportunidades; abre las puertas no solo al afán de aventuras, sino a soñar con la libertad de acción en términos más ambiciosos.

Nos asomaremos a la Europa anterior a la Reforma protestante para reparar en los movimientos de índole religiosa llevados a cabo sin éxito, dentro de la estructura social y política del Sacro Imperio Romano Germánico, para centrarnos en ese período de cambios, desde la perspectiva que ofrece la evolución intelectual que conocemos como *humanismo* y su correlato artístico y científico, que dieron paso a una época de renacimiento capaz de transformar Europa.

1. La Europa prerreformada

En el siglo XVI España se ha convertido en una superpotencia al frente de un gran imperio que extiende sus dominios por una buena parte de Europa y la mayoría de la América, recientemente descubierta. Comparte el dominio del Nuevo Mundo con Portugal, que terminaría siendo anexionado a España (entre 1580 y 1640) debido a los cruces dinásticos. Posee colonias en Asia y África. En la figura del emperador Carlos, se funde y confunde el Sacro Imperio con el Reino de España

En Europa, Inglaterra defiende su identidad nacional y su autonomía, especialmente frente a Francia, con la que mantiene conflictos territoriales. Los príncipes alemanes muestran su incomodidad al verse sometidos al poder del emperador, cuestionado seriamente por algunos de los príncipes electores.

Por su parte, el papado reivindica su derecho a conservar el dominio sobre los Estados Pontificios y trata de reafirmar su autoridad religiosa sobre el resto de las naciones; Francia reivindica con firmeza su condición de estado independiente y Portugal disfruta de una cómoda autonomía hasta ser absorbida por España. Rusia vive de espaldas al resto de Europa.

En Oriente Próximo, se instala el Imperio otomano, un poder amenazador para Europa, en especial para la Europa del Este, incluida Grecia, la cuna de la civilización europea; una amenaza que se materializa con el avance de sus tropas, que llegarán a extender sus conquistas hasta el sur de Francia. Las guerras contra los turcos, así como las propias contiendas intestinas, marcará la historia de Europa durante el siglo xvi.

En el terreno religioso, Europa es un continente cristiano bajo la autoridad omnímoda del papa. Sin embargo, no se trata de una autoridad indiscutida, ya que al papado se le acusa de estar más dedicado a las demandas terrenales, debido a su condición de señor feudal del papa, que a las espirituales. Tres son los papas que protagonizan la etapa previa a la irrupción de la Reforma en Europa: Alejandro vi (1492-1503), Julio ii (1503-1513) y León x (1513-1521). Un período en el que la Iglesia está más preocupada por las cuestiones políticas y económicas que por los temas religiosos. Alejandro vi (de la familia Borja, españoles) vive una vida licenciosa plagada de intrigas palaciegas. La principal preocupación de León x, nombrado cardenal cuando contaba únicamente 13 años, después de haber ostentado importantes cargos eclesiásticos desde los siete años, son las bellas artes.

Entre ambos papas, sería Julio ii el que ocuparía el obispado de Roma (1503-1513), a quien se le conoce como el «papa guerrero» debido a la intensa actividad política y militar de su pontificado. La otra dimensión de Julio ii fue la de impulsor y mecenas de grandes artistas de la época y el promotor de la basílica de San Pedro, para lo que se movilizaron todos los medios encaminados a recaudar fondos destinados a tal fin mediante una bula especial que justificaba todo tipo de desmanes. El desprestigio del papado llegó a su culmen cuando, en su afán por acumular riquezas, recurrió a la venta de los cargos eclesiásticos, la venta de reliquias y, especialmente, a la famosa venta de indulgencias, que sería el acicate final que puso en marcha la protesta de Lutero.

Voces muy influyentes en Inglaterra reivindicaban para su Iglesia recuperar la condición de Iglesia nacional, invocando la herencia de su fundador y santo nacional, Agustín de Canterbury (534-604). Es cierto que a su rey, Enrique viii, le había concedido el papa León x en 1521 la distinción de «Defensor de la Fe», en reconocimiento a la defensa que hizo del carácter sacramental del matrimonio y la supremacía del papa, un hecho que fue visto como una importante muestra de oposición a las primeras etapas de la Reforma protestante. Pero el idilio duró poco tiempo, ya que el trasfondo de rebeldía está presente y solo necesita de un pequeño estímulo para explotar y, en este caso, se materializa en la pretensión del rey de que el papa anule su matrimonio con Catalina de Aragón, a lo que el obispo de Roma se niega, forzado en buena parte por las presiones del emperador Carlos, sobrino de Catalina.

Los humanistas, de los que nos ocuparemos más adelante, habían propiciado un clima de libertad de opinión que dio paso a un espíritu crítico que condujo a que se reformularan muchos aspectos relacionados con la religión y la espiritualidad que habían heredado de la época medieval. En su afán por redescubrir a los clásicos, se comenzó a leer la Biblia en determinados sectores intelectuales y, con su lectura, surge la necesidad de buscar y definir el ideal de hombre y mujer cristianos. El hecho de que muchos de estos lectores conozcan griego y hebreo hace que puedan descubrir enseñanzas que habían quedado ocultas en la etapa anterior.

Por otra parte, aunque los intentos de reformar la Iglesia habían fracasado, el nuevo espíritu de libertad que se respira en Europa reaviva las ascuas residuales y vuelven a producirse movimientos de renovación. Contribuye a ello la propia ignorancia del clero secular, falto de formación, que falla en su responsabilidad de transmitir la fe al pueblo, que contrasta con la erudición desplegada en el interior de los monasterios y algunas escuelas catedralicias; una erudición que, sin embargo, no llega al común de los mortales.

Agrava la situación el hecho de que las instituciones religiosas se hayan corrompido hasta extremos insoportables, al haber sido ocupados sus cargos más representativos (obispos y cardenales) como fuente de privilegios y obtención de prebendas, por hijos segundones de la nobleza o personas a ella allegadas, con el consiguiente desprestigio para la Iglesia.

Aportaremos un dato más global para situarnos con la debida perspectiva en el pórtico de la Reforma. En la medida en la que el papado fue afianzándose como poder feudal, compitiendo, a causa de ello, con otros estados soberanos en aspectos tanto territoriales como económicos, los conflictos entre el papa y los otros gobernantes fueron en aumento, creando un creciente resentimiento hacia los papas. La obediencia a Roma, en territorios del centro y norte de Europa, así como en Inglaterra, llegó a estar fuertemente cuestionada. Si a esto unimos que los grandes pensadores del Renacimiento, como el holandés Erasmo de Róterdam, comenzaron a criticar los excesos de la Iglesia en la persona de sus dignatarios, resulta mucho más comprensible que la proclama de Martín Lutero tuviera el eco que tuvo en esos países.

Un último indicador que no debemos dejar de lado es la influencia que tuvo en esos países la implantación y el desarrollo del capitalismo. La burguesía surgida de esa creciente prosperidad económica no se sentía cómoda con las críticas y presiones que recibía del clero, un clero que, a la vez que acumulaba riquezas para sí, cuestionaba el enriquecimiento de la nueva clase social.

2. Humanismo y Renacimiento

La creación de los estados modernos europeos, tal y como los conocemos hoy en día, no hubiera sido posible sin la existencia de la Reforma protestante y su correlato, el Concilio de Trento, tal y como veremos más adelante. De igual forma, la Reforma no hubiera podido tener lugar, en su inmediatez histórica, sin la existencia del humanismo y su manifestación artística y científica conocida como Renacimiento. Ahora bien, para poder centrar el tema, tenemos que remontarnos a la era anterior, la Edad Media, y poner nuestra mirada inicial, como punto de partida, en la escolástica, el sistema educativo y teológico que ayuda a identificar ese período, así como en el feudalismo como forma de gobierno y estructuración social.

Para el escolasticismo, la educación estaba reservada a sectores muy reducidos de la población, sometida a un estricto control de parte de la Iglesia. A esto hay que añadir que el sistema social estaba subordinado, a su vez, al ilimitado y caprichoso poder de los señores feudales bajo el paraguas de la Iglesia medieval, que no solo controlaba la cultura, sino que sometía las voluntades de los siervos —que no ciudadanos— amparada por un régimen considerado sagrado, en el que sus representantes actuaban en el nombre de Dios.

La escolástica se desarrolla sometida a un rígido principio de autoridad, siendo la Biblia, a la que, paradójicamente, muy pocos tienen acceso, la principal fuente de conocimiento, siempre bajo el riguroso control de la jerarquía eclesiástica. En estas circunstancias, la razón ha de amoldarse a la fe y la fe es gestionada y administrada por la casta sacerdotal.

En ese largo período que conocemos como Edad Media, en especial en su último tramo, se producirían algunos hechos altamente significativos, como la invención de la imprenta (*ca.* 1440) o el descubrimiento de América (1492) que tendrán una enorme repercusión en ámbitos tan diferentes como la cultura, las ciencias naturales y la economía. En el terreno religioso, la escandalosa corrupción de la Iglesia medieval llegó a tales extremos que fueron varios los movimientos que buscan una reforma de la Iglesia antes del siglo xvi, comenzando con la vida monástica: los paulicianos (siglos vii y ix), Cluny (siglo x), el Císter (siglo xi), la irrupción de los cátaros y albigenses (siglo xi), los valdenses (s. xii), los bogomilos (s. x-xv), John Wycliffe (1320-1384) y los lolardos (s. xiv y xv), los *fraticelli* (s. xiv y xv), Jan Hus (1369-1415), Girolamo Savonarola (1452-1498) o el predecesor de muchos de ellos, Francisco de Asís (1181 o 1182-1226) y otros más en diferentes partes de Europa que evidencian el ansia de restaurar la vida y el testimonio de la Iglesia.

Todos ellos, salvo Francisco de Asís, que fue asimilado por la Iglesia, tuvieron un final dramático. Algunos de estos movimientos dieron lugar a diversas manifestaciones teológicas, que convivieron entre sí, representadas en unos casos por las diferentes órdenes monásticas y, en otros, por grupos religiosos que habían roto parcialmente con el papa, como es el caso de algunos de los anteriormente mencionados. Ahora bien, ninguno de estos movimientos de protesta, no siempre identificados con acciones genuinamente evangélicas, consiguió mover la Iglesia hacia posturas de cambio o reforma.

No era el momento. No se daban los elementos necesarios para que germinaran las proclamas de estos aguerridos profetas, cuya voz quedó ahogada en sangre. El pueblo estaba sometido al poder y atemorizado por las supersticiones medievales; las élites eran ignorantes y no estaban preparadas para secundar a esos líderes que, como Juan el Bautista, terminaron clamando en el desierto, a pesar de que su mensaje, al igual que ocurriera con las melodías del flautista de Hamelin, consiguiera arrastrar tras de sí algunos centenares o miles de personas. ¿Cuál fue la diferencia en lo que a Lutero se refiere? La respuesta, aparte de invocar aspectos trascendentes conectados con la fe de los creyentes es, desde el punto de vista histórico, sencilla y, a la vez, compleja; hay que buscarla, entre otras muchas circunstancias históricas, en el papel y en la influencia que ejercieron el humanismo y el Renacimiento. Existen otros factores, sin duda, pero nos centraremos en estos dos, considerándolos factores necesarios del cambio.

Identificamos como 'humanismo' al movimiento producido desde finales del siglo XIV que sigue con fuerza durante el XV y se proyecta al XVI, que impulsa una reforma cultural y educativa como respuesta a la escolástica, que continuaba siendo considerada como la línea de pensamiento oficial de la Iglesia y, por consiguiente, de las instituciones políticas y sociales de la época. Mientras que para la educación escolástica las materias de estudio se circunscribían básicamente a la medicina, el derecho y la teología, los humanistas se interesan vivamente por la poesía, la literatura en general (gramática, retórica, historia) y la filosofía, es decir, las humanidades. Con ello se descubre una nueva filosofía de la vida, recuperando como objetivo central la dignidad de la persona. El hombre pasa a ser el centro y medida de todas las cosas, en contraste con el énfasis medieval de colocar a Dios en el centro de la vida en general.

La corriente humanista da origen a la formación del espíritu del Renacimiento, produciendo personajes tan relevantes como Petrarca (1304-1374) o Bocaccio (1313-1375) Nebrija (1441-1522), John Colet (1467-1519), Johannes Reuchlin (1455-1522), Erasmo (1466-1536), Maquiavelo (1469-1527), Copérnico (1473-1543), Miguel Ángel (1475-1564), Tomás Moro (1478-1535), Rafael (1483-1520), Lutero (1483-1546), Cervantes (1547-1616), Bacon (1561-1626), Shakespeare (1564-1616), sin olvidar la influencia que sobre ellos pudieron tener sus predecesores Dante (1265-1321), Giotto (1267-1337) y algunos otros pensadores de la época. Estos y tantos otros humanistas, unos desde la literatura, otros desde la filosofía, algunos desde la teología y otros desde el arte y las ciencias, contribuyeron al cambio de paradigma filosófico, teológico y social, haciendo posible el tránsito desde la Edad Media a la Edad Moderna, período de la historia que algunos circunscriben al transcurrido desde el descubrimiento de América (1492) hasta la Revolución francesa (1789).

El Renacimiento se identifica por dar paso a un hombre libre, creador de sí mismo, con gran autonomía de la religión que pretende mantener el monopolio de Dios y el destino de los seres humanos. El humanismo y el Renacimiento se superponen, si bien, mientras el humanismo se identifica específicamente, como ya hemos apuntado, con la cultura, el Renacimiento lo hace con el arte, la ciencia y la capacidad creadora del hombre. El Renacimiento hace referencia a la civilización en su conjunto.

En resumen, el humanismo es una corriente filosófica y cultural que sirve de caldo de cultivo al Renacimiento, que surge como fruto de las ideas desarrolladas por los pensadores humanistas, que se nutren, a su vez, de las fuentes clásicas tanto griegas como romanas. Marca el final de la Edad Media y sustituye el teocentrismo por el antropocentrismo, contribuyendo a crear las condiciones necesarias para la formación de los estados europeos modernos. Una época de transición en la que desaparece el feudalismo y surgen la burguesía y la afirmación del capitalismo, dando paso a una sociedad europea con nuevos valores.

Visto lo que antecede, estamos en condiciones de juzgar la influencia que este cambio de ciclo histórico pudo tener en la Reforma promovida por Lutero en primera instancia, secundada por Zuinglio, Calvino y otros reformadores de los siglos XVI y XVII, y valorar de qué forma estos cambios contribuyeron a la formación de los modernos estados europeos.

3. Sacro Imperio Romano Germánico

La Reforma protestante tiene un trasfondo político y cultural que no debemos obviar, sin cuyo conocimiento nos resultaría muy difícil comprender los avatares que se producen con ocasión del su surgimiento. Según afirma la teología conciliar, Dios no actúa fuera de la historia.

Como ya señalamos anteriormente, España, más concretamente sus reyes, se ha convertido en la potencia más poderosa de Europa al confluir en Carlos de Habsburgo las coronas del Sacro Imperio Romano Germánico[1] (entre 1520 y 1558) y la del Reino de España, integrado por las coronas de Castilla, Aragón y Navarra (desde 1516 a 1556), con sus extensas posesiones en África, Asia y el continente americano, recientemente descubierto y anexionado a la corona de Castilla. El rey-emperador es conocido como Carlos I de España y V de Alemania. Su papel va a ser determinante en la historia del continente y en el desarrollo de los cambios religiosos que van a producirse en sus dominios.

---

[1] En realidad, a partir de la Dieta de Colonia, en 1512 el Imperio pasa a denominarse Sacro Imperio Romano de la Nación Alemana.

La ambición política de Carlos le hizo percibirse a sí mismo como titular de un gran imperio cristiano universal, mucho más allá de las ya extensas posesiones territoriales de que disponía. Pero una cosa era el poder que ejercía sobre los reinos de España y otra la compleja situación política del Imperio.

El Sacro Imperio Romano Germánico, en cuyo ámbito geográfico se produce la Reforma, era una agrupación política ubicada en la Europa occidental y central, cuyo ámbito de poder recayó en el emperador romano germánico desde la Edad Media hasta inicios de la Edad Moderna, ya en el siglo XVI. En el reinado del emperador Carlos, además del territorio de Holstein (la región ubicada entre los ríos Elba y Eider), el Sacro Imperio comprendía Bohemia, Moravia y Silesia (región histórica de Europa nororiental que hoy está casi enteramente en Polonia). Por el sur se extendía hasta Carniola (región de Eslovenia, alrededor de la capital Liubliana) en las costas del Adriático; por el oeste, abarcaba el condado libre de Borgoña (Franco-Condado) y Saboya, fuera de Génova, Lombardía y Toscana en tierras italianas. También estaba integrada en el Imperio la mayor parte de los Países Bajos, con la excepción del Artois (región tradicional del norte de Francia que está en el departamento de Paso de Calais) y Flandes, al oeste del río Escalda.

Dada la diversidad de regiones que integraban el Imperio, con sus muy diversos idiomas y dialectos, la realidad era que no formaba una sólida unidad política ni el Imperio llegaría a transformarse en un estado europeo único cuando fue emergiendo el nuevo régimen. Hay que añadir que eran muchos los sectores disconformes con el sistema político que añoraban la figura de los antiguos *Landfrieden*, por lo que, durante ese tiempo, fue tomando cuerpo el concepto de «reforma» en el sentido del verbo latino *re-formare*, recuperar la forma pretérita, algo que hacía tiempo que se había perdido y que los reformadores religiosos identificarían con recuperar los orígenes del cristianismo.

Salvo la dependencia de la autoridad del emperador para asuntos de especial relieve, cada estado o ciudad libre mantenía su autonomía política, sometidos cada uno de ellos a sus príncipes electores o al resto de los príncipes, duques u obispos respectivos, seculares unos y religiosos otros, que ejercían como señores feudales de esos estados o ciudades libres. Sí se conservaba bajo la responsabilidad imperial la defensa de sus territorios y la estabilidad política y religiosa. Esa autoridad se ejercía con ocasión de posibles conflictos entre los príncipes o de estos con el propio emperador; conflictos territoriales que no resultaban extraños entre los príncipes y duques que integraban el Imperio quienes, con frecuencia, se enzarzaban en disputas internas, que a menudo desembocaban en guerras locales. El consenso se hizo necesario en muchas ocasiones.

El elemento vertebrador del Imperio era la religión católica medieval, aún a pesar de los desencuentros que se produjeron entre el Vaticano y el Imperio. No perdamos de vista un dato trascendental como es el hecho de que el papa tenía la facultad de sancionar con la excomunión a cualquier persona, fuera vasallo o perteneciente a la nobleza, incluido el propio emperador, con cuya excomunión, caso de producirse, el excomulgado perdía toda la autoridad de que estaba revestido. Con todo, la relación del papa con el emperador tuvo puntas de tensión y conflicto muy notables, que no viene al caso señalar aquí. Sí cabe afirmar que esas circunstancias obligaban al emperador a hacer frente enérgicamente a cualquier rebeldía o conflicto religioso que pudiera perturbar la paz social o atentar contra la estabilidad religiosa.

La Dieta era el órgano consultivo y legislativo imperial, una complicada asamblea representativa de los diferentes estados y ciudades libres que se reunía a petición del emperador, sin una periodicidad establecida y, en cada ocasión, en una nueva sede. Haremos referencia expresa más adelante a una de esas Dietas, la celebrada en Worms en el año 1521, que marcaría el punto de inflexión y no retorno de la Reforma protestante.

La publicación de *Las 95 tesis* de Lutero y el conflicto socio-religioso que provocaron hicieron que algunos príncipes y duques locales vieran la oportunidad de establecer un frente de oposición al emperador, consiguiendo así una mayor cuota de independencia. El Imperio se vio, de esta forma, amenazado por las disputas religiosas producidas en torno a la proclama de Lutero. A raíz de estas disputas, el norte y el este, así como la mayoría de sus ciudades, como Estrasburgo, Fráncfort y Núremberg, se alinearon en el lado protestante, mientras que las regiones meridionales y occidentales se mantuvieron mayoritariamente en el catolicismo.

Sin entrar todavía en el núcleo central de la Reforma, es evidente que su irrupción en la Europa del siglo XVI supuso un duro golpe para la estabilidad del Sacro Imperio, ya que desaparece uno de los pilares sobre los que se sostenía, como era la unidad religiosa bajo el liderazgo de la Iglesia de Roma, una situación que culminaría *de facto* con la retirada o jubilación del emperador Carlos y la división del imperio entre sus dos hijos, Fernando y Felipe. Se introduce de esta forma una nueva visión del cristianismo occidental y, con ella, una manera diferente de hacer política, contribuyendo con ello a la creación de los nuevos estados europeos y a la búsqueda por parte de algunos de ellos de la creación de una iglesia nacional.

II

Martín Lutero

Una vez situados en el contexto político, social y religioso de la Europa pre-
rreformada, estamos en condiciones de poner nuestra mirada en un personaje,
Martín Lutero, que trasciende las anécdotas y caricaturas con las que han preten-
dido presentarlo algunos críticos e historiadores y reparar en la dimensión social,
cultural y religiosa que alcanzó la obra por él iniciada, que conocemos como
Reforma protestante.

1. Monje agustino

Martín Lutero (1483-1546), un monje agustino, profesor de Sagrada Escritura, irrumpe en la historia colocando sus *95 tesis* en la puerta de la iglesia de
la Universidad de Wittenberg. No nos detendremos en detallar pormenorizada-
mente su biografía por tratarse de un personaje sobradamente conocido del que
existen multitud de biografías al alcance de cualquier lector curioso que esté inte-
resado en conocer detalles de su vida.[1] Tan solo vamos a relatar algunos datos de
interés a los fines propuestos, relacionados con su condición de monje agustino
devenido en reformador. El más destacado de todos —al menos en la primera y
fundamental etapa de su vida— es, precisamente, que Lutero era un monje agustino alemán de origen campesino y, consecuentemente, un cristiano sometido a
las enseñanzas y disciplinas de la Iglesia de Roma.

Martín Lutero se hizo monje en cumplimiento de una promesa derivada de
una experiencia traumática en el terreno espiritual. Pasaremos por alto aspectos
comunes de su vida en la comunidad y el temor obsesivo al castigo en el Purgatorio y al horror del Infierno que le atormentó durante bastantes años, preocupado
por las consecuencias del juicio final. Una crisis espiritual profunda, dilatada en
el tiempo, que no era capaz de superar ni mediante la confesión y la penitencia
impuesta ni por medio de las disciplinas a las que sometía su cuerpo, así como a
los ayunos o el recurso a la eucaristía, a los que acudía con frecuencia.

Pero volvamos sobre el hecho de que Lutero era un monje agustino, es decir,
integrado en una de las congregaciones más prestigiadas del catolicismo medieval con amplia proyección hasta nuestros días. Esta orden había sido creada

---

[1]   Únicamente a título de referencia, entre otras muchas, recomendamos la biografía escrita
por Ramón Conde Obregón: *Martín Lutero. Semblanza de un rebelde con causa;* Barcelona: Verón
Editores, 1999.

formalmente en el siglo XIII por el papa Inocencio IV, unificando los diferentes grupos de comunidades eremitas que habían surgido bajo la advocación de Agustín de Hipona y su Regla del siglo IV, habiéndose convertido en la tradición monástica más antigua y prestigiada del monasticismo occidental, aunque siempre en competencia con franciscanos y dominicos.

El hecho de que Martín Lutero fuera designado para enseñar Sagrada Escritura en la Universidad de Wittenberg supuso un estímulo para leer y estudiar con mayor detenimiento la Biblia y encontrar en ella respuesta a muchas de las inquietudes que le atormentaban, especialmente cuando profundizó en algunos salmos y, sobre todo, en las cartas de Pablo, más concretamente en las Epístolas a los Romanos y a los Gálatas, donde se identifica con la doctrina paulina de la salvación, no por obras, sino por medio de la gracia divina, recibida únicamente a través de la fe en el sacrificio expiatorio de Cristo hecho en la cruz.

Lutero, aunque vehemente en sus relaciones dentro y fuera de la comunidad, no se muestra como un monje díscolo o poco amoldado a las exigencias de la Regla a la que se ha sometido voluntariamente: antes bien, parece gozar de prestigio y contar con la confianza de sus superiores, que no solo le encomiendan la delicada tarea de estudiar y enseñar las Sagradas Escrituras, sino que le comisionan la importante tarea de emprender una visita a la sede vaticana, juntamente con otro fraile, en representación de la orden, a causa del conflicto originado en su seno entre «observantes» y «reformados», nombres dados a las dos facciones más relevantes de los agustinos en ese tiempo, enfrentadas entre sí. Su misión en Roma tiene por objeto entrevistarse con el prior general de la orden y, también, si era preciso, con otros dignatarios de la Santa Sede y procurar un arbitrio sobre el problema planteado.

No viene al caso aquí detenernos tanto en el motivo del conflicto entre los conventos de agustinos, que dio origen al viaje, sino referirnos a la experiencia de Lutero en Roma, que contaba a la sazón con 27 años de edad y era la primera vez que abandonaba su país. Visitar la conocida como Ciudad Santa era el sueño de cualquier cristiano de la época y mucho más si se trataba de un monje-sacerdote del perfil de Lutero.

Soportando estoicamente el rigor del frío invernal, realizaron un largo y difícil recorrido a pie de más de 1400 km, lleno de dificultades y peligros, debido a la inseguridad de algunos parajes. Salieron de Alemania en noviembre y llegaron a Roma a finales de diciembre, hospedándose al llegar en el convento de los agustinos, como era costumbre en situaciones semejantes.

Con la fe sencilla de un peregrino medieval, el joven fraile aprovechó su estancia en la sede del cristianismo occidental para visitar la basílica constantiniana de San Pedro, en el Vaticano, mientras ya se estaba construyendo la nueva basílica. Conmovido, visitó los sepulcros de los apóstoles e hizo una confesión general para hallar a Dios propicio. También pudo visitar las cuatro monumentales basílicas, las numerosas iglesias y monasterios y las catacumbas de San Sebastián y San Calixto. Transcurrido un mes largo sin lograr canalizar adecuadamente el motivo de su visita a Roma, los dos monjes decidieron emprender el viaje de regreso.

Para algunos historiadores fue tan profundo y negativo el impacto recibido por Lutero a causa de la corrupción y el libertinaje observados en la curia romana, que despertó en él un profundo sentimiento de rechazo que justifica sobradamente las acciones emprendidas posteriormente. Otros historiadores, sin embargo, lo niegan, argumentando que esa deducción no es otra cosa que una fábula que no encuentra apoyo en una documentación rigurosa. Si no de forma inmediata, sí existe testimonio del propio Lutero, denunciando años después la conducta poco ejemplar observada en torno al Vaticano.

En cualquier caso, no fueron la degradación moral o los vicios escandalosos observados la razón fundamental del rompimiento de Lutero con la Iglesia de Roma, sino que su denuncia responde más bien a razones doctrinales. Lutero no se alzó en rebeldía motivado por el deseo de corregir las costumbres y la disciplina, por muy importante que fueran estas motivaciones y por mucho que le impresionaran negativamente con ocasión de su viaje; Lutero se enfrentó con la Iglesia medieval principalmente a causa de los dogmas y la doctrina de la Iglesia, si bien podemos afirmar que son varias las causas que justifican la conversión del monje disciplinado y fiel a las reglas monásticas en un reformador de la Iglesia.

Como telón de fondo, está la atormentada crisis espiritual que venía sufriendo desde comienzos de su vida monástica; a esto hay que añadir su experiencia en Roma y el vuelco teológico que experimenta a causa de su comprensión de la doctrina paulina de la justificación por la fe, que pone a prueba su escrupulosa observancia de las buenas obras y de los castigos corporales como medio de agradar al Dios de justicia; y a todo ello se une la escandalosa campaña emprendida por el Vaticano para recaudar fondos para la construcción de la nueva basílica de San Pedro, comerciando con las almas supuestamente en el Purgatorio.

Todo ello convierte al monje, de forma no premeditada ni querida, en reformador de la Iglesia.

2. Las 95 tesis

Con el análisis de *Las 95 tesis* o formulaciones teológicas planteadas por Martín Lutero a la ciudadanía de Wittenberg, entramos en el núcleo central de la Reforma, que no solo fue determinante para la historia de la Iglesia cristiana, sino también para la configuración de la Europa contemporánea, tal y como venimos afirmando. A semejanza de lo que ocurría en otras poblaciones europeas, las propuestas religiosas figuraban en ese tiempo como eje central de la vida cotidiana y los temas planteados o propuestos desde instancias eclesiales se situaban en la vanguardia de los intereses ciudadanos, aunque, con frecuencia, ese interés se identifique con protestas y quejas hacia una institución que los tenía sometidos tanto moral como económicamente

En realidad, las conocidas como *95 tesis* —cuyo nombre en latín vamos a ahorrar a nuestros lectores por tratarse de un dato intrascendente en el caso que nos ocupa— fue, en su origen, un escrito dirigido por el monje agustino a la curia vaticana en contra de las indulgencias y las reliquias. Nada nuevo en la forma utilizada, ya que colgar en la puerta de las iglesias comunicados de este estilo era una costumbre que ninguna extrañeza producía entre los ciudadanos debido a lo habitual que resultaba utilizarlas a modo de tablón de anuncios. Lo que sí resultó novedoso fue lo desproporcionado del debate a que dio lugar su contenido.

El problema de fondo era la venta de indulgencias que controlaba y dirigía en Alemania el sacerdote dominico Johann Tetzel (1465-1519) en nombre del arzobispo de Maguncia y del propio papa de Roma, con el fin de recaudar fondos para la construcción de la basílica de San Pedro en Roma. Pronto este escrito circuló por las universidades y cenáculos políticos y religiosos. El hecho de que la imprenta hubiera sido inventada poco tiempo antes, contribuyó notablemente a su difusión por toda Europa, para sorpresa de todos, incluido Lutero, ya que su primera intención se circunscribía a plantear un debate teológico entre colegas universitarios.

La fama que en poco tiempo adquirió Lutero y el peligro que suponía para la propia Iglesia su ataque a un tema tan arraigado como era el de las indulgencias, unido a la difusión de la nueva doctrina de la gracia y su correlato de la salvación por la fe, levantó todas las alarmas entre la jerarquía. Johann Eck (1486-1543), un acreditado teólogo y polemista, fue encargado de debatir el tema con Lutero, produciéndose dos años después en Leipzig un gran debate entre ambos. Finalmente, en junio de 1530, fueron condenadas *Las 95 tesis* por el papa León X. El paso siguiente fue excomulgar al monje rebelde.

Lutero rehusó retractarse ante el requerimiento papal, y es entonces cuando los dos poderes establecidos, el político, representado por el emperador, y el religioso, por el papa, se unen y es convocada la Dieta de Worms (año 1521), donde se ofreció nuevamente a Martín Lutero la oportunidad de abjurar de las ideas expuestas.

Gracias a la protección del elector Federico III de Sajonia, Lutero pudo escapar ileso de las consecuencias que la condena teológica pudiera llevar aparejada, a semejanza de lo que le ocurriera a su antecesor Jan Hus (1369-1415) en una situación semejante, que le condujo a pagar su osadía inmolado en una hoguera.

En Worms, Lutero intervino con tal vehemencia, con tan sólidos argumentos y con tal nivel de convencimiento teológico que superó sobradamente la prueba a la que estaba siendo sometido, aunque sin lograr que sus contrincantes aceptaran la derrota. Puede decirse, como ya hemos anticipado anteriormente, que en Worms, después de este debate, es donde formalmente da comienzo la Reforma protestante, es decir, en el año 1521, aunque a todos los efectos sea señalado el año 1517, con ocasión de la publicación del manifiesto.

Dada su extensión, no reproduciremos aquí el contenido de *Las 95 tesis*, que las ofrecemos en anexo, pero sí podemos hacer algunos comentarios a través de un breve resumen. En primer lugar, queremos dejar constancia de la nota introductoria con la que se hacía la presentación de las propuestas de debate:

> Por amor a la verdad y en el afán de sacarla a la luz, se discutirán en Wittenberg las siguientes proposiciones bajo la presidencia del reverendo padre Martín Lutero, maestro en Artes y en Sagrada Escritura y profesor ordinario de esta última disciplina en esa localidad. Por tal razón, ruega que los que no puedan estar presentes y debatir oralmente con nosotros lo hagan, aunque ausentes, por escrito. En el nombre de nuestro Señor Jesucristo. Amén.

En lo que a las ideas expuestas se refiere, podemos resumirlas en los puntos siguientes:

1. La principal de todas, desmontar la falsedad de las indulgencias como medio para sacar a las almas del Purgatorio.
2. Enfatizar la universalidad del perdón de Dios.
3. Su ingenuo convencimiento de que el papa ignoraba los abusos de los predicadores.
4. Reafirmar el poder de la predicación de la Palabra.
5. Reivindicar las Escrituras como fundamento de la fe.
6. Cuestiona, aunque tímidamente, pero con una gran dosis de ironía, la autoridad del papa, especialmente en el punto álgido: la capacidad de perdonar los pecados.
7. Alerta contra los falsos predicadores.
8. Hace un inequívoco alegato contra las riquezas del Vaticano, que adjudica directamente al papa, con cuyas riquezas dice que podría construirse sin más ayuda la basílica en proyecto.
9. Le dio un nuevo sentido a la penitencia sacramental, transformándola en un estilo cristiano de vida, es decir, una penitencia interior.
10. Desmitifica la idea del Purgatorio.
11. Afirma que ni el papa ni los sacerdotes pueden remitir culpa alguna.
12. Rechazo de las penas canónicas.
13. Concluye con un mensaje de aliento invitando a seguir a Cristo como medio de salvación.

Para una comprensión de la importancia de estas tesis en el momento de ser publicadas, la repercusión que tuvieron y su enorme contribución a la transformación social de la Europa del siglo XVI, pueden servirnos las palabras del filósofo renacentista Erasmo de Róterdam (1466-1536), contemporáneo de Lutero, aunque nunca terminó de identificarse con la Reforma. Así le escribía en una carta personal: «No puedo describir la emoción, la verdadera y dramática sensación que provocan». Y ya, dirigiéndose al elector de Sajonia, ironiza: «Nada me extraña que haya causado tanto ruido, porque ha cometido dos faltas imperdonables: haber atacado la tiara del papa y el vientre de los frailes».

En resumen, el manifiesto de Lutero, conocido universalmente como *Las 95 tesis* es, básicamente, un alegato en contra de las indulgencias y el engaño al que, a través de su oferta, eran sometidos los cristianos. Sin embargo, es preciso insistir en que con sus noventa y cinco tesis Lutero no dejaba de ser un fiel miembro de la Iglesia de Roma, ni lo pretendía.

3. Alcance de su obra

Martín Lutero es uno de esos personajes de la historia de la humanidad que van cobrando mayor grandeza conforme pasa el tiempo. Un hombre del que no se han maquillado ni ocultado sus defectos, pero que ha dejado a su paso una estela que perdura después de haberse superado los cinco siglos de su nacimiento.

Hablar o escribir acerca de Martín Lutero sin pretender hacer una biografía más, de las muchas que ya han sido publicadas, para resaltar algunos de los rasgos de su perfil sin caer en la apología es una tarea arriesgada, sobre todo porque se trata de un personaje que ha sido sometido a uno de los escrutinios más exhaustivos de los que cualquier otro personaje haya podido estar sujeto. Nosotros nos ocuparemos únicamente de un solo aspecto más de su perfil: su aportación a la literatura universal en un contexto tan específico como es el terreno religioso, sin olvidar su dimensión oratoria.

Nos limitaremos a mencionar algunos de los aspectos más destacados de su obra literaria, ya que sería una labor ímproba pretender hacer un recorrido por los cien volúmenes de sus obras completas (en la edición de Weimar). Una obra redactada en diversos idiomas: latín, alemán, español, francés e italiano. Y si, como opción accesoria, nos decidiéramos por sintetizar lo que otros han escrito acerca de la vida y obra de Lutero, resultaría tan ingente la tarea que es obvio que ni siquiera lo intentemos.

Aunque las dos obras a las que queremos hacer referencia son la traducción de la Biblia y el himno *Castillo fuerte es nuestro Dios*, ofrecemos de su ingente obra una brevísima antología:

- *Las 95 tesis* (1517).
- *A la nobleza cristiana de la nación germánica sobre la reforma de la sociedad cristiana* (1520).
- *Epístola al papa León X* (1520).
- *Sobre la autoridad secular* (1523).

- *Sobre si los hombres de la guerra pueden alcanzar la bienaventuranza* (1526).
- *Los artículos de Esmalcalda* (1538).

Cuando Lutero abandonó la Dieta de Worms en 1521, su protector, Federico el Sabio, preparó un simulacro de secuestro en el camino de regreso y fue conducido clandestinamente al castillo de Wartburg, para retirarlo de los peligros que todos daban por supuesto que se cernían sobre él después de haber sido excomulgado por el papa. Antecedentes similares los había, como en el caso de Jan Hus a quien ya nos hemos referido. Refugiado en el castillo, permaneció durante diez meses, dedicado a escribir muchas de sus obras, entre otras cosas, aparte de algunas cartas apologéticas, unos comentarios a los Salmos y otro al Magníficat. En algún momento, Lutero se había manifestado rebatiendo a quienes lo instaban a que tomara venganza de sus enemigos, que él prefería combatirlos con la pluma y la palabra.

Además de las obras descritas y un torrente de cartas a sus amigos, en esos meses de retiro, Lutero realizó la increíble proeza de traducir el Nuevo Testamento del griego al alemán, y fue publicado en el año 1522. La traducción de la Biblia completa fue impresa por primera vez en el año 1534. Una traducción de la Biblia que no solo puso al alcance de los países germánicos las Sagradas Escrituras en su lengua, sino que es considerada en gran medida como el prototipo del moderno idioma alemán, después de haber unificado las diferentes versiones que circulaban sobre dicha lengua.

Lutero se sirvió de la segunda edición del *Textus receptus* de Erasmo de Róterdam, de 1519. El interés del reformador por trasladar el contenido de la Biblia a un lenguaje depurado y preciso, lo condujo a realizar una verdadera investigación de campo recorriendo las ciudades y los mercados para escuchar a la gente y captar el sentido real de las palabras que empleaban. En realidad, Lutero concedió tanta importancia a esta colosal obra que no dejó de introducir correcciones hasta su muerte en el año 1546, para dejar a punto la edición que fue impresa ese mismo año.

La traducción de Martín Lutero de la Biblia está entre los textos más importantes de la Reforma. La Biblia de Lutero fue, probablemente, su mayor legado al pueblo alemán y protestantes de todo el mundo. Ahora bien, tratándose de una obra que ha recibido el beneplácito general, no deja de encerrar su parte oscura, a juicio de sus críticos, ya que se le acusa de haber añadido una palabra clave en Romanos Germánicos 3:28: *'solo'*, donde se lee: «Concluimos, pues, que el hombre es justificado por la fe sin las obras de la ley». Lutero incluye 'solo' —«solo por la fe»—, una palabra que no aparece en el texto griego original, una palabra que, a juicio del traductor, venía exigida por el sentido teológico del texto y por razones de exigencias lingüísticas.

El descubrimiento teológico llevado a cabo por Lutero en torno a la justificación por la fe, capaz de liberarlo de sus temores en torno a la salvación y la angustia que le producía pensar en el juicio final, se refleja en su actitud hacia algunos textos bíblicos. Ya hemos hecho referencia a Romanos Germánicos 3:28, a lo que hay que añadir su prevención sobre algunos de los libros que circulaban como canónicos, aunque hasta esa fecha ninguno de los grandes concilios ecuménicos hubiera hecho una declaración formal sobre el tema. Nos referimos al libro de Ester del Antiguo Testamento y los del Nuevo Testamento Hebreos, Santiago, Judas y Apocalipsis. Su reparo se centraba especialmente en el libro de Santiago, al que se refería con cierto menosprecio, por mostrar una aparente contradicción con la doctrina de la justificación por la fe. Sobre cada uno de esos libros mostraba su argumentación teológica contraria a que formaran parte del Canon, apoyándose igualmente en la postura renuente de las iglesias primitivas hacia estos mismos libros. No obstante, los mantuvo en sus ediciones de la Biblia.

Por otra parte, aunque colocados en una sección especial, Lutero incluyó también en su versión de la Biblia los libros deuterocanónicos o apócrifos procedentes de la Septuaginta, si bien delegó en sus colaboradores su traducción, por considerarlos de menor nivel.

Martín Lutero no solo tradujo la Biblia, sino que consiguió que se convirtiera en el libro del pueblo por excelencia tanto en las iglesias como en las escuelas y en los hogares. Y no solo en Alemania, sino que fue el impulsor e inspirador de que en otros países europeos se siguiera su ejemplo permitiendo que las Sagradas Escritas llegaran al pueblo en su propio idioma: al holandés en 1526, por Jacob van Liesveldt; al francés, en 1528, por Jacques Lefèvre d'Étaples; al español en el año 1543, el Nuevo Testamento, por Francisco de Encinas, y en 1569, por Casiodoro de Reina, la Biblia del Oso; al checo, la Biblia de Kralice, impresa entre 1579 y 1593; al inglés, publicada en 1611.

La otra obra legendaria, a la que queremos hacer referencia, es el himno *Castillo fuerte es nuestro Dios*, compuesto por Martín Lutero en el año 1529, convertido en el referente poético y musical más conocido y valorado entre el mundo protestante. En realidad, se trata de una especie de himno-lema de las Iglesias reformadas.

El himno, traducido por el obispo Juan Bautista Cabrera al español, dice lo siguiente:

> 1. Castillo fuerte es nuestro Dios,
>   defensa y buen escudo;
>   con su poder nos librará
>   en todo trance agudo.
>   Con furia y con afán
>   acósanos, Satán,
>   por armas deja ver
>   astucia y gran poder
>   cuál él no hay en la tierra.

2. Nuestro valor es nada aquí,
   con él todo es perdido,
   más por nosotros pugnará
   de Dios el escogido.
   ¿Sabéis quién es? Jesús,
   el que venció en la cruz,
   señor de Sabaoth;
   y pues Él solo es Dios,
   Él triunfa en la batalla.

3. Aún si demonios mil
   prontos a devorarnos,
   no temeremos, porque Dios
   sabrá aún prosperarnos.
   Que muestre su vigor
   Satán, y su furor
   dañarnos no podrá,
   pues condenado es ya
   por la Palabra Santa.

4. Sin destruir la dejarán
   aun mal de su grado
   esta Palabra del Señor:
   Él lucha a nuestro lado.
   Que lleven con furor
   los bienes, vida, honor,
   los hijos, la mujer…
   Todo ha de perecer:
   de Dios, el reino queda.

Fragmento de *Castillo fuerte*
con la firma de Lutero

Se ha dicho que las estrofas de este himno fueron cantadas por Lutero y sus acompañantes cuando iban camino de la Dieta de Worms el 16 de abril de 1521, fecha en la que, aparentemente, aún no había sido compuesto; tal vez Lutero tenía ya algunos apuntes y son estos los que fueron utilizados. Lo que sí parece confirmado es que cuando, años después, en 1530, se celebró la Dieta de Augsburgo, los príncipes luteranos entonaron este himno mientras entraban en el salón de actos. Desde entonces, aparte de ser entonado en las Iglesias reformadas, ha sido una especie de himno marcial en momentos de otras grandes celebraciones o con ocasión de contiendas militares. *Castillo fuerte* llegó a ser adoptado como el himno del movimiento socialista sueco.

El otro aspecto sobresaliente en el perfil de Martín Lutero es su gran elocuencia como orador. Hemos dejado constancia de sus aportaciones con la pluma pero, aún siendo estas las que han perdurado con mayor incidencia en el tiempo, su condición de predicador, en un tiempo en el que el común de los mortales tenía más acceso a la palabra hablada que a la palabra escrita, sus sermones, sus conferencias, sus discursos y sus debates públicos resultaron el arma más eficaz para hacer que sus propuestas fueran aceptadas, defendidas, difundidas y, en ocasiones, fuertemente denostadas y combatidas. Claro que en Lutero ambas funciones fueron siempre unidas. Se han registrado 2082 sermones escritos suyos, predicados muchos de ellos en Wittenberg. En ellos fue desgranando la teología que iba elaborando a partir de sus lecturas de la Biblia, que siempre adoptó como referente.

Como quiera que no pretendemos hacer una hagiografía aséptica de Lutero, a la hora de evaluar su oratoria nos fijaremos en uno de sus discursos más polémicos y, tal vez, el más desconocido. Nos referimos al discurso contra los campesinos, que muestra la faceta combativa e intolerante del reformador.

Las ideas de la Reforma habían prendido en el pueblo llano y esto sembró en los campesinos explotados por el sistema feudal un ansia de libertad y justicia que nunca antes habían experimentado. Tomaron en serio los propios sermones de Lutero en los que defendía las ideas de liberación y justicia social que se encontraban en Jesucristo y pusieron en marcha un movimiento de reivindicaciones sociales que se convertiría en la conocida como guerra de los Campesinos en la Alemania de 1525, dentro del contexto de la Reforma radical, que rompía los esquemas oficialmente asumidos por la sociedad medieval.

Lutero, que había escrito cuatro años antes, durante su estancia en el castillo de Wartburg, una «Amonestación leal a todos los cristianos para que se guardasen de tumultos y sediciones», no era partidario del uso de la fuerza para imponer sus ideas; por ello, reaccionó inicialmente ante el conflicto de los campesinos con una «Exhortación a la paz a propósito de los doce artículos de los campesinos», en la que se mostraba conciliador y reconocía como justas y razonables algunas de sus pretensiones. Sin embargo, ante el fracaso de su exhortación, el recrudecimiento de la violencia y el hecho de que Lutero estaba seriamente comprometido con el poder constituido, lo llevó a repudiar con contundencia la revuelta campesina. En ese contexto se produce el discurso dirigido a las autoridades civiles y religiosas al que hacemos referencia. En su discurso, Lutero es contundente en sus descalificaciones. Se refiere a los campesinos como «hordas salteadoras y asesinas», instando a que sea aniquilado el movimiento revolucionario. Apoya sus diatribas en el texto bíblico y en el derecho cristiano y natural para fundamentar su postura de que la rebelión debería ser sofocada haciendo uso de la fuerza si fuere necesario. El suyo resultó ser un discurso persuasivo en gran medida; persuasivo y justificativo de las acciones represivas.

Es evidente que un discurso como el que estamos comentando es aconsejable contemplarlo dentro de su propio período histórico y social, a fin de poder comprender los valores, creencias y presunciones que subyacen en quien lo pronuncia y tratar así de entender y tal vez justificar las razones que lo motivan. En el caso que nos ocupa resulta difícil justificar la postura adoptada por el reformador, precisamente por el lugar señero que ocupa en la historia y su defensa de la justicia y el amor de Dios. Su poder de persuasión y su autoridad moral fueron un factor determinante para avalar la matanza que se produjo con ocasión de la guerra de los Campesinos, de triste memoria. Una página negra en la vida de un hombre que hizo una contribución tan notable a la restauración del cristianismo neotestamentario.

A partir de su ruptura formal con la Iglesia medieval, la vida de Lutero cobra una actividad febril, como escritor, como profesor y como predicador, siempre sujeto al texto bíblico. La pluma y la palabra fueron sus armas para poner en marcha el movimiento religioso y social más destacado de la historia de la Europa contemporánea. Desaparece la rígida estructura de la Iglesia jerárquica y emerge la Iglesia nacional y, con ella, un nuevo concepto de estructuración de la sociedad, con incidencia especial en el terreno cultural y educativo.

III

La Reforma protestante

La Reforma de la Iglesia, conocida como protestante, que irrumpe en la Europa del siglo xvi, tiene dos vertientes claramente identificables. Una de ellas, la más conocida y de mayor calado, la conocida como *Reforma magisterial*; la otra, surgida en el seno de uno de los focos originales de la Reforma, la denominada *radical*, o más genéricamente conocida como *anabautismo*, que enfatiza algunas doctrinas que la primera había obviado manteniendo la tradición de la Iglesia medieval; un nuevo énfasis de la Reforma que plantea reivindicaciones sociales no consideradas anteriormente.

Además de estos dos grandes bloques en los que históricamente queda dividida la Reforma, ocupa un lugar distintivo la reforma producida en Inglaterra, que daría paso a la Iglesia anglicana, una iglesia que reúne características peculiares y que ocupa, como veremos, un lugar intermedio entre la Iglesia medieval y la Iglesia reformada. El capítulo se cierra con un estudio acerca de los énfasis teológicos y eclesiológicos que revisten de identidad al movimiento protestante.

1. La Reforma magisterial

Como ya hemos apuntado anteriormente, la Reforma del siglo xvi surge en una sociedad dividida y enfrentada, tanto por intereses políticos como religiosos, una sociedad sometida a grandes tensiones sociales. Confluyen la ruptura de la cristiandad latina, la quiebra del orden feudal, la incipiente afirmación de los nacionalismos europeos, el descubrimiento de un nuevo continente y la invención de la imprenta como medio de difusión de la cultura.

El movimiento de reforma que pone en marcha Lutero se denomina «magisterial» por tener su apoyo y desarrollo en el magisterio, es decir, la clase dirigente, los magistrados, los príncipes. Con Calvino, al *magisterium*, equivalente a 'magistrado', se une el *magisterium* que hace referencia a la enseñanza, doctrina o formación. Los primeros reformadores tuvieron la habilidad y la sabiduría de ganar para su causa a los dirigentes políticos y, con su apoyo, conquistaron la voluntad del pueblo al que se esforzaron en sacar del oscurantismo de la Edad Media para convertirlos en motor de la modernidad.

No debemos perder de vista la profunda crisis de fe y valores, unida al protagonismo de las supersticiones, que caracterizan la Edad Media y que se manifiestan en determinadas ocasiones en los focos de rebeldía o reforma, a los que hemos hecho referencia anteriormente, que evidencian el ansia de restaurar la vida y el testimonio de la Iglesia.

Junto al interés por el estudio de los clásicos que introduce el humanismo, se enfatiza el valor del individuo que demanda una nueva espiritualidad, unido al interés por la investigación, factores que contribuyen a liberar a Europa del oscurantismo y de la ignorancia de la época, despertando al mundo occidental del letargo en que yacía.

Al socaire de esta revolución intelectual, se había ido desarrollando en las ciudades del centro europeo un creciente sentimiento nacionalista, que dio lugar a que emergiera un individualismo desconocido hasta entonces y que facilitó la actitud revisionista de las diferentes tradiciones religiosas. El espíritu del humanismo contribuyó a poner las bases para el surgimiento de la Reforma protestante, que fomenta el estudio de las Sagradas Escrituras en el idioma original, así como insta a investigar la historia de los cristianos primitivos; un proceso que condujo a valorar muy negativamente el desvío de la Iglesia medieval con respecto a la época apostólica.

Un hecho importante a resaltar es que cuando surge la Reforma, ninguna de las iglesias existentes, incluida la Iglesia de Roma, estaba en condiciones de considerarse católica en el más amplio sentido de la palabra. Palestina, el Asia Menor y el norte de África, sedes de algunas de las más importantes iglesias y cuna del cristianismo, habían caído en poder del islam y, desde el cisma de 1054, la cristiandad estaba dividida en orientales y occidentales o, lo que es lo mismo, ortodoxos y latinos. Esa circunstancia hizo que el profundo aislamiento que llegó a existir entre Oriente y Occidente impidiera que se dejara sentir en el ámbito de la ortodoxia el impacto de la Reforma.

Por otra parte, cabe señalar que hablamos de una época que destaca por su alto nivel de religiosidad popular, en la que se enfatiza el interés por las festividades religiosas, la creencia en el poder milagroso de las reliquias, las peregrinaciones a Roma y a otros lugares sacralizados, los jubileos y la venta de indulgencias, lo cual contribuye a crear el espíritu de rebeldía y protesta proclive al surgimiento de la Reforma.

El foco inicial de la Reforma, que culmina ese largo proceso de intentos de cambio y renovación surgidos en los seis siglos precedentes, se produce en Alemania de la mano de un monje agustino formado y comprometido con la Iglesia medieval.

La insistencia que habían puesto los humanistas en volver a los textos originales, la traducción de la Biblia por Lutero al idioma que hablaba el pueblo, la novedosa herramienta que supuso la imprenta para su divulgación consiguieron despertar un espíritu crítico con respecto a las prácticas de la Iglesia medieval y contribuyeron a que el incipiente acto de protesta por las indulgencias se transformara en un imparable movimiento de reforma que cambió la historia de Europa.

La Biblia en manos de los reformadores pasa de ser un mero depósito de verdades y preceptos a recuperar su rango de autoridad frente a los dictados de la Iglesia, de los concilios o de los papas.

Lutero, como ya hemos apuntado, ataca inicialmente la predicación y venta de las indulgencias como medio para liberar las almas del Purgatorio. Esta denuncia fue seguida de una fuerte oposición en diferentes sectores de la Iglesia y de la sociedad civil, lo que provocó debates violentos y la publicación de escritos defendiendo las ideas propias y atacando las contrarias en los que se vieron involucrados tanto los dignatarios y teólogos de la Iglesia oficial como los mensajeros de los príncipes partidarios de las tesis elaboradas por Lutero.

La Reforma denuncia tres aspectos concretos: 1) la preponderancia de los clérigos, que habían despojado al pueblo, a los creyentes, de su capacidad de relacionarse directamente con Dios; 2) la connivencia de la Iglesia y el Estado; y 3) aboga por la restitución de las Sagradas Escrituras como única autoridad en materias de fe y conducta.

Las fuerzas vivas de la Iglesia y del Imperio se alzan contra Lutero; sus escritos, siguiendo una costumbre de la época, son quemados públicamente incrementándose el acoso al que viene siendo sometido. En esta situación, el monje agustino es procesado por herejía, un proceso que culmina el 15 de junio de 1520 con la amenaza de excomunión y la exigencia de que se retracte de sus enseñanzas. Lutero reacciona y el 10 de diciembre de ese mismo año, rodeado de una gran expectación, quema los volúmenes de derecho canónico y la bula *Exurge Domine* (*'Levántate, Señor'*), una bula que ataca las enseñanzas de Martín Lutero. Mientras se producía este acto de desagravio, Lutero exclamó: «Como tú, libro ateo, has agraviado o profanado al santo del Señor, así te ofenda y queme la llama eterna». Con este acto queda claramente establecido que la historia de la Iglesia occidental y del propio continente europeo había cambiado radicalmente.

Frente a los ataques de la curia romana, Lutero va desarrollando sus formulaciones teológicas. Tres son los grandes escritos que estructuran su base teológica: *Carta a la nobleza cristiana de la nación alemana, Cautiverio babilónico de la iglesia y De la libertad cristiana*, escritos en los años 1520 y 1521. Con estos escritos se produce por parte de Lutero la ruptura teológica con Roma.

El rompimiento definitivo se produciría con ocasión de la Dieta de Worms, celebrada del 28 de enero al 25 de marzo de 1521, a la que ya nos hemos referido. Un nuevo intento de que Lutero se retracte de sus ideas. Es en Worms, donde quedan finalmente establecidas las bases ideológicas de la Reforma. La aparente fragilidad física del monje agustino se yergue en medio de sus jueces y se transforma en fortaleza moral; una fortaleza apoyada en firmes convicciones para exclamar: «Sobre las almas, Dios no quiere ni puede dejar gobernar a nadie más que a sí mismo. Así, donde el poder mundano pretenda dar leyes a las almas, se entromete en el gobierno de Dios… No hemos sido bautizados para reyes y príncipes, sino para Cristo y Dios mismo…».

Es un claro aviso tanto para el joven emperador como para los delegados papales. Pronto dejará sentado que no está dispuesto a modificar su postura, que no va a abjurar de su fe: «Aquí estoy, Dios me ayude; no puedo hacer otra cosa». Circulan sobre esta comparecencia otras versiones con algunos matices diferenciadores: «Estoy sometido a mi conciencia y ligado a la palabra de Dios. Por eso no puedo ni quiero retractarme de nada, porque hacer algo en contra de la conciencia no es seguro ni saludable. (Dios me ayude. ¡Amén!)». Con la confirmación de la excomunión de Lutero por parte del papa quedaría establecida la Reforma e instituidas sus bases ideológicas.

Condenado por el papa y por el emperador, pero convencido de que está amparado por Dios y con la protección su príncipe elector, Lutero se centra en su ingente y monumental obra: traducir la Biblia a la lengua vulgar, el alto alemán, síntesis de la gran variedad de dialectos que dieron origen, precisamente de la mano de Lutero, al moderno idioma alemán. Y esa fue la primera y más relevante aportación de la Reforma, más allá del campo específicamente religioso.

Por otra parte, si la Reforma llegó a ser lo que fue se debe, además del impulso de Martín Lutero, al aporte y desarrollo teológico del resto de los reformadores: Ulrico Zuinglio (1484-1531), quien presentó sus ideas en forma de 67 tesis en las que rechazaba, al igual que había hecho Lutero, todo cuanto había sido añadido a las doctrinas y prácticas de los cristianos primitivos, con la excepción del bautismo infantil; Philipp Melanchthon (1497-1560), el gran teólogo del luteranismo, colaborador de Martín Lutero, destacado intelectual, redactor de la Confesión de Fe de Augsburgo, la primera exposición oficial de los principios del luteranismo, redactada en 1530 para ser presentada en la Dieta de Augsburgo ante la presencia de Carlos v; Juan Calvino (1509-1564), que representa la segunda generación de reformadores, el teólogo más destacado en lo que se refiere a la sistematización de las doctrinas protestantes, que destaca por su fervor religioso y su rigor moral, propiciando y manteniendo una estricta disciplina eclesiástica.

A estos nombres, protagonistas de la primera fase de la Reforma, es preciso añadir otros igualmente relevantes, pertenecientes a la etapa radical de la que nos ocuparemos más adelante, como Menno Simons (1496-1561), en los Países Bajos; Martín Bucero (1491-1551), en Prusia; John Knox (1505-1572), en Escocia, y otros muchos, a cuya actuación hay que añadir el hartazgo del pueblo sometido y, sobre todo, a que, siendo el tiempo propicio, contó con la aquiescencia del Dios de Lutero, del Dios de quienes se identificaron con su firme protesta y del Dios de todos aquellos que se solidarizan con los valores de la Reforma, que, a su vez, conecta con la Iglesia primitiva; un Dios que mueve los hilos de la historia.

Ahora bien, la Reforma, como tantos otros movimientos de transformación social o religiosa, fue un movimiento que encierra énfasis muy diferenciados. Así, mientras Lutero y Zuinglio mantienen la línea de pensamiento medieval de sometimiento a las autoridades civiles, Calvino defendía que el Estado debía estar sometido a la Iglesia en cuestiones espirituales. Por su parte, los reformadores radicales establecerán el principio de separación de la Iglesia y el Estado a todos los efectos y mostrarán su radicalidad reivindicando los valores y prácticas de la Iglesia primitiva, como es el caso del bautismo de creyentes en lugar del bautismo infantil.

La consolidación de la Reforma no resultó tarea sencilla: mientras algunos estados y ciudades se declaran partidarios, otros se mostraron claramente refractarios. Se suceden las dietas, se producen enfrentamientos entre los príncipes, se confiscan propiedades de la Iglesia, se asaltan templos, se queman imágenes, se producen deportaciones... Las disputas entre Reforma y Contrarreforma se convierten en algo habitual. Se establecen dos frentes claramente diferenciados; se funda la liga de Esmalcalda de señores protestantes contra el emperador y el imperio. En Francia se funda la liga de los hugonotes. En la Inglaterra de Enrique VIII, la iglesia anglicana se separa del papado en 1531. En Suecia, Gustavo Vasa fundamenta su nueva monarquía en la Reforma. Occidente, que hasta entonces había mantenido el último lazo de su unidad bajo el techo de la Iglesia medieval, pone de manifiesto su pluralidad y rompe los lazos que la han mantenido unida.

En este clima de confrontación e inestabilidad se multiplican las voces que claman por la celebración de un concilio ecuménico que trate de poner fin a los abusos de unos y a la disidencia de otros.

2. La Reforma radical

A partir del rompimiento , como ya apuntamos anteriormente, Martín Lutero no se propuso ningún tipo de cisma con respecto a la Iglesia católico-romana. Reiteramos que sería a partir de la Dieta de Worms y la excomunión impuesta y confirmada por el papa cuando los acontecimientos comenzaron a discurrir en la forma que la historia nos indica, dando comienzo efectivo la Reforma. Lutero, consecuente con sus convicciones, se dedicó a partir de entonces a predicar, escribir, traducir la Biblia y a difundir sus reflexiones teológicas a las que había llegado por medio de su lectura y estudio de la Biblia.

Pronto los acontecimientos sobrepasaron las expectativas de los reformadores magisteriales, como lo demuestra el surgimiento y desarrollo de la conocida como Reforma radical, que marca un nuevo hito en la historia de la Iglesia.

Este movimiento es conocido también como 'anabautista', haciendo referencia a su énfasis en el bautismo de creyentes y al hecho de que «rebautizaban» a quienes habían recibido el bautismo infantil; una práctica que marca un camino de no retorno hacia los orígenes del cristianismo.

Se trata de un movimiento surgido entre los seguidores de Ulrico Zuinglio, en Zúrich, cuyas consecuencias llegarían a alcanzar una dimensión universal de tanto o mayor alcance que la propia acción llevada a cabo por los reformadores magisteriales.

Al igual que las ramas luterana, reformada o calvinista, la radical o anabautista no es un movimiento homogéneo, ya que presenta diversas facetas eclesiales y énfasis teológicos diferentes. Conecta en buena medida con lo que ha sido llamada la Prerreforma, especialmente con los valdenses, también conocidos como los «pobres de Lyon», que surgen en el último tercio del siglo XII, a los que luego absorbería la Reforma del siglo XVI en buena medida.

La Reforma radical mantiene, igualmente, un cierto hilo conductor con la Iglesia morava del siglo IX y los continuos movimientos de reforma o intentos de reforma que vive la Iglesia medieval: cátaros y albigenses, lolardos, bogomilos, husitas y algunos otros personajes sensibilizados contra los desvíos doctrinales sufridos en la Iglesia, especialmente en ese largo período que conocemos como Edad Media; movimientos que buscaban tanto una reforma de la Iglesia como una nueva espiritualidad, defensora, a su vez, de la justicia social.

Y un dato más que puede ayudarnos a entender mejor, tanto la Reforma magisterial como la radical, es que la Iglesia medieval llegó a convivir con diversas teologías, representadas por las diferentes órdenes monásticas o grupos religiosos más extremos que habían roto parcialmente con el papa (*cfr.* los *fraticelli*) y otros que se habían alejado por completo, como los valdenses, los lolardos o los hermanos checos.

La Reforma radical tiene su propia especificidad, que la hace distinguirse del movimiento puesto en marcha por Lutero; una especificidad que se manifiesta precisamente en su radicalidad en busca de la identidad de la Iglesia apostólica con el fin de imitarla. Algunos de los rasgos diferenciadores son: 1) la poca importancia que concedían a la caída de Adán y, por lo tanto, al pecado original; 2) su negativa a equiparar el bautismo de infantes con la circuncisión, por lo que es abolida esa práctica; 3) su afirmación del libre albedrío en cooperación con la gracia, de lo cual se desprendía la justificación por la fe y un anhelo de santificación expresado en obras de justicia; 4) asumen, como lo habían hecho los cristianos primitivos, una actitud de indiferencia frente al Estado, cuando no de abierta hostilidad; 5) destaca su identificación con el misticismo en su expresión más popular; 6) al no estar vinculados a ningún estado, cobra un relieve especial su activa proclamación misionera de la fe, con vocación universal; 7) la exaltación de la gracia por encima de la ley, llegando a veces al repudio de toda organización en la vida eclesiástica; 8) rechazo de la antigua ordenación de sacerdotes, destacando la prominencia de los laicos y, consecuentemente, la afirmación sin paliativos del sacerdocio universal de los creyentes.

Todo ello sin olvidar un dato importante, y es que la Reforma radical fue eminentemente protestante, según lo acreditan los rasgos siguientes: 1) su oposición al papado y a la sucesión apostólica atribuida a los obispos; 2) su rechazo de que solo al papa y a los obispos, a título individual o de forma colectiva en los concilios, les competía la enseñanza de la verdadera doctrina; 3) su rechazo de toda tradición capaz de constituir una autoridad equiparable a la de las Escrituras; 4) su afirmación de que los pastores podían ser personas casadas; 5) su reducción de los principales sacramentos (ordenanzas) a solo dos: bautismo y cena del Señor; 6) su exaltación de los principios de la libertad del hombre cristiano y del sacerdocio universal de todos los creyentes; 7) la aceptación, sin ningún género de dudas, del corpus doctrinal de la Reforma —*sola fide, sola gratia, sola scriptura*— reafirmando la justificación por la fe sin concurso alguno de las obras.

Cabe señalar otros elementos distintivos, como puedan ser: 1) la separación de la Iglesia y el Estado, salvando alguna situación de transición, como la protagonizada por Tomás Müntzer y otros revolucionarios y el dramático período de la guerra de los Campesinos; 2) la fuerte oposición a la guerra a partir de Müntzer; 3) que renunciaron a cualquier forma de coerción hacia los fieles, fuera de la exclusión de la observancia de la cena del Señor, cuando la conducta desviada de los feligreses así lo requería; 4) difundieron su particular versión de la vida cristiana mediante las misiones, el martirio y la filantropía; 5) insisten en el bautismo de los creyentes, en la posesión de los dones del Espíritu y en la experiencia de regeneración; 6) se muestran con frecuencia indiferentes al orden político y social, cuando no abiertamente en contra; 7) en sus inicios estuvieron animados por un ferviente espíritu escatológico; 8) propugnan una espiritualidad propia basada en el misticismo popular y el ascetismo de grupo; 9) los reformadores clásicos estaban inspirados en su acción por la idea de *reformatio*; los reformadores radicales actuaron bajo el lema más contundente de *restitutio* (volver a los orígenes de la Iglesia apostólica anterior a Constantino); las diferencias entre una y otra Reforma se manifestaban fundamentalmente en el alcance de su ruptura con la Iglesia medieval; 10) defendían el concepto teológico de «regeneración» (nuevo ser en Cristo), en lugar de «santificación», más utilizado por el sector magisterial.

Se trata de un movimiento de enorme vigor que supuso una ruptura radical con las instituciones y teologías existentes, impulsado por dos urgencias relacionadas entre sí: 1) la de restaurar el cristianismo primitivo; y 2) la de preparar el mundo para la inminente venida del Reino de Cristo. La Reforma radical abrió las compuertas para innumerables expresiones espirituales retenidas por la cristiandad medieval.

El fermento y desarrollo de la Reforma radical se produce entre los años 1516 y 1566, si bien su inicio, tal y como ahora se registra, se originó en 1525 en Zúrich, en el entorno de los discípulos de Zuinglio decepcionados a causa de la lentitud con que se estaba llevando a cabo la reforma oficial. En sus comienzos se muestra con una fuerte beligerancia social para apostar definitivamente por el pacifismo. Ha sido llamada también el «ala izquierda» de la Reforma y se configura a partir de tres tendencias principales, no muy estrechamente vinculadas entre sí al comienzo: 1) el anabautismo, es decir, volver a bautizar, desechando el bautismo infantil, 2) énfasis en la espiritualidad; y 3) un cierto racionalismo evangélico.

Además de profundizar en las posturas planteadas por la Reforma magisterial, el ala radical recupera modelos medievales de piedad y formas de gobierno y recupera igualmente una buena parte de la espiritualidad popular características de la Edad Media.

El propósito final de los radicales fue establecer una Iglesia pura, integrada por personas convertidas, en oposición a una Iglesia de adscripción sociológica. Tuvo toda suerte de partidarios: labriegos y príncipes, artesanos y aristócratas, señoras devotas y humanistas desilusionados. Mientras que los reformadores magisteriales pretendían reformar la Iglesia medieval tomando la Biblia como guía, sin ninguna pretensión de romper institucionalmente con la tradición eclesial, los reformadores radicales intentaron construir una nueva Iglesia sobre los fundamentos de la Biblia. Su entidad fue de tanta relevancia como la de la propia Reforma magisterial.

Dos de los personajes más representativos de la rama radical en su fase inicial fueron Thomas Müntzer (1488 o 1489-1525), el caudillo de la guerra de los Campesinos, también conocida como la Revolución de los Hombres Comunes, una revuelta popular en Alemania que se extendió a Austria y Suiza, entre 1524 y 1525, que culminaría con una gran matanza, una etapa cruenta y de triste memoria en la que el propio Lutero, como ya hemos apuntado anteriormente, adoptó un papel de represión contra los rebeldes, que condujo finalmente a una reacción pietista, opuesta a cualquier tipo de beligerancia de la mano de Menno Simons (1496-1561), el restaurador del pacifismo a ultranza y el respeto a la dignidad humana, dando paso a una nueva fase de recuperación evangélica que dotó a la Reforma de un sello de restauración neotestamentaria, defensora no solo de los valores perdidos, sino de la autonomía de la Iglesia con respecto al Estado. De esta forma, el nombre 'anabautista' quedaría liberado del estigma con que había sido marcado a raíz de los desmanes que dieron lugar a la guerra de los Campesinos.

La Reforma radical representa un fermento de renovación espiritual y eclesial llevado hasta sus últimas consecuencias en el que se reivindica la vuelta a los orígenes. El signo doctrinal externo más visible fue el bautismo de creyentes como sello de una genuina experiencia de conversión y el énfasis en la fe personal e individual, negando que algún cuerpo colectivo, como el Estado o la Iglesia-institución, pudiese llegar a decidir cuál debía ser la religión de los ciudadanos.

Reformadores radicales de relieve, aparte del mencionado Menno Simons, fueron, Conrad Grebel (1498-1526), discípulo de Zuinglio; Baltasar Hubmaier (1485-1528), asistente a la Dieta de Augsburgo; Félix H. Mantz (1498-1527), del círculo de Zúrich, Miguel Sattler († 1527), en Suiza; Hans Denck (1495-1527), en Alemania; Jacob Hutter (1500-1536), en Moravia; y Melchor Hoffman (1495-1543), en los Países Bajos. Aunque en un período inicial la Reforma radical está representada por diferentes manifestaciones y tendencias, terminaría habiendo una íntima coherencia entre todas ellas, pudiendo hablarse por este motivo de una Reforma radical con características comunes que representa la expresión más evolucionada de la Reforma protestante del siglo XVI.

El documento más representativo de este movimiento, redactado en 1527, es el Acuerdo de Schleitheim, surgido de la reunión celebrada en el pueblo suizo del mismo nombre entre representantes muy diversos del sector anabautista, con el propósito de reorganizarse en momentos en los que se veía amenazado con la desintegración. Este Acuerdo o Confesión de Schleitheim consta de siete artículos que fijan su postura en aquellos puntos que consideraron más trascendentes en esos momentos. Hacemos referencia aquí al enunciado de su contenido: 1) El bautismo; 2) la separación de los que caen en el error; 3) el partimiento del pan (comunión); 4) apartarse de todo tipo de pecado; 5) los pastores; 6) la espada (adoptan una postura pacifista); y 7) el juramento.

Como ya hemos apuntado, el signo doctrinal más destacado fue el bautismo de creyentes como sello de una genuina experiencia de conversión y el énfasis en la fe personal e individual. En sus inicios, los anabautistas estuvieron animados por un ferviente espíritu escatológico y una espiritualidad propia basada en el misticismo popular y el ascetismo de grupo.

3. La Iglesia de Inglaterra

La implantación de la Reforma en Inglaterra hay que entenderla a partir del conocimiento sociológico del país en el reinado de Enrique VIII (1509-1547), quien se convertiría en uno de sus más conspicuos protagonistas, dentro de un contexto en el que la autoridad moral y espiritual de la Iglesia estaba siendo seriamente cuestionada.

En primer lugar, cabe destacar la existencia de un nacionalismo muy centrado en el eslogan «Inglaterra para los ingleses», unido a un deseo de evitar el pago de impuestos a Roma y al clero italiano; en segundo lugar, el espíritu liberal e independiente introducido por las universidades de Oxford y Cambridge, que había abierto las puertas a los humanistas, entre ellos a Erasmo y Lutero; en tercer lugar, la circulación de la Biblia traducida al inglés (1526) por William Tyndale (1492-1536) y la huella que habían dejado los lolardos; y, finalmente, en cuarto lugar, referido a Enrique VIII, una mezcla de escrúpulos religiosos y el ansia de dotar al reino de un heredero varón; todo ello unido al egoísmo o conducta caprichosa del rey que estaba dispuesto a casarse con Ana Bolena a cualquier precio, para lo cual era necesario anular su matrimonio con Catalina de Aragón.

Esa situación hace que se consolide la ruptura de relaciones con Roma, y se reafirme la autoridad de la corona en el terreno eclesiástico, si bien la fórmula «*Only Supreme Governor*» matizaría dicha autoridad. A raíz de estos hechos y circunstancias internas, se funda el anglicanismo, culminando así el desencuentro que se había venido gestando a lo largo de toda la Edad Media entre la Ecclesia anglicana y Roma. Enrique VIII sería excomulgado por el papa Clemente VII el 11 de julio de 1533.

La peculiaridad de la Iglesia de Inglaterra es que se trata de una reforma sin reforma, ya que no surge como fruto de las convicciones religiosas de un pueblo o las enseñanzas de los magistrados, sino como producto de un decreto civil. La Reforma propiamente dicha llegaría después de la muerte de Enrique VIII, especialmente bajo Eduardo VI (1547-1553) e Isabel I (1559-1603), siendo su mayor impulsor el arzobispo Thomas Cranmer (1489-1556), arquitecto principal de la reforma inglesa, cuyo período de influencia abarca de 1533 a 1553, cuando se imprimiría al anglicanismo un sello protestante de corte episcopal, dotándolo del texto de doctrina fundacional, el *Book of Common Prayer*, llamado comúnmente *Prayer Book* (1549), que sería revisado en 1552 mediante el *Acta de uniformidad*, una versión más elaborada e independiente de la tradición católica y con mayor influencia protestante, corregida posteriormente en 1662, al que seguiría la confesión de fe denominada *Los cuarenta y dos artículos* (1553), revisada en 1571 bajo el reinado de Isabel, para adoptar su forma definitiva, de mayor identidad protestante, que constituye hasta hoy la carta doctrinal o código de creencias comunes de la Iglesia de Inglaterra, un documento promovido por Cranmer y, posteriormente, ratificado por Jacobo I. Con Isabel quedaría definitivamente configurado y establecido el anglicanismo (Iglesia establecida), después del breve paréntesis de vuelta al catolicismo bajo María Tudor (1553-1558). Cranmer impulsaría, igualmente, la supresión del celibato de los sacerdotes.

Enrique VIII ni es, ni pretende ser un reformador. Recordemos que en 1521 publicó sus *Afirmaciones de los siete sacramentos* (en latín), en respuesta a *Las 95 tesis* de Lutero, por cuya obra recibió del papa el título de Defensor de la Fe. En cualquier caso, ni él ni sus sucesores han reclamado conferirse la autoridad para realizar funciones espirituales en la Iglesia, no obstante su condición de gobernador supremo o cabeza oficial de la Iglesia. Así, pues, el anglicanismo, más que la obra de un reformador, es el resultado de una elaboración progresiva procedente de las aportaciones del poder civil, de la posterior reflexión teológica y del apoyo popular.

El anglicanismo reafirma el triple ministerio de diáconos, sacerdotes (presbíteros) y obispos, así como la sucesión apostólica. Se admite el ministerio de la mujer.

Para la Iglesia anglicana, la Biblia contiene la doctrina necesaria; la tradición ayuda a interpretar las Escrituras; y la razón facilita entender la verdad divina. Este es el soporte sobre el que se desarrollan los principios básicos de la fe anglicana, que acepta la doctrina de la Trinidad, dentro de la más ortodoxa tradición cristiana, defiende que la salvación se consigue a través de Cristo, único mediador entre Dios y el ser humano y conserva como símbolos de la fe cristiana los credos católicos (universales): el credo apostólico, el credo niceno y el credo atanasiano.

Y, en lo que tiene que ver con los sacramentos u ordenanzas, siguiendo la teología protestante, el bautismo (administra el bautismo infantil) es la puerta de entrada a la familia de Dios y la santa cena (se utiliza el pan y el vino), conmemoración y acción de gracias por la muerte y resurrección de Cristo. Plantea una presencia espiritual de Cristo, haciendo una clara referencia a la presencia del Espíritu Santo. La teología anglicana mantiene, aunque sin rango sacramental, los cinco ritos históricos: orden, reconciliación del penitente, confirmación, matrimonio y unción de enfermos.

Los obispos y arzobispos de Inglaterra son designados por el rey o por la reina, con la intermediación de un comité mixto gubernamental y eclesiástico. En los países de la comunión anglicana, los obispos son nombrados, bien por un colegio electoral designado al efecto, o bien por un sínodo. La cúspide jerárquica inglesa cuenta únicamente con dos arzobispos (Canterbury y York), si bien no existe una autoridad suprema, ya que todos los obispos tienen la misma dignidad: solo Cristo es la cabeza de la Iglesia. En lo organizativo, la Conferencia de Lambeth es una reunión fraternal de los obispos que forman la comunión anglicana en las diferentes partes del mundo, sin que la Conferencia en sí represente una autoridad espiritual o administrativa ajena al concepto de libertad y de autogobierno que caracteriza al anglicanismo.

4. Énfasis teológico y eclesiológico

Dentro de la pluralidad de corrientes teológicas y formatos eclesiales que configuran las iglesias de la Reforma, trataremos de sintetizar, señalando aquellos aspectos que forman parte del patrimonio común que permiten que exista una identidad básica en su conjunto.

La definición más conocida y, sin duda, la más representativa, es la conocida como «los tres solo»: *«sola gratia, sola scriptura, sola fide»*, que se complementa con el «solo a Dios la gloria». Cada una de estas afirmaciones tiene un sentido profundo que, en su conjunto, marcan la identidad teológica de la Reforma.

a) Solo a Dios la gloria.

En ese *«soli Deo gloria»* se expresa la absoluta trascendencia de Dios. Nada ni nadie puede ocupar su lugar. Es una afirmación de la creencia en el Dios único, frente al politeísmo soterrado que se había ido desarrollando en la Iglesia medieval a través del culto a los santos y, sobre todo, la veneración a la virgen María.

b) Sola gracia.

Aquí encontramos una afirmación y una negación. Se afirma que únicamente Jesucristo, convertido en Palabra de Dios encarnada, es el medio de gracia utilizado por Dios para la salvación de los hombres y de las mujeres. La negación es que no hay ningún otro medio previsto por Dios.

c) Sola escritura.

La revelación está contenida en la Biblia, con lo que se produce un rechazo de la tradición como medio de revelación, una idea con tanto arraigo en el proceso histórico anterior, apoyada en los concilios ecuménicos. Toda autoridad está contenida en la Sagrada Escritura, fuente de fe y conducta. El Espíritu Santo ayuda a su interpretación.

d) Sola fe.

Se afirma la justificación (salvación) por la fe, conforme a la enseñanza de la epístola a los Romanos Germánicos. Es la clave de toda la doctrina protestante. La fe es algo que Dios concede al hombre por la gracia, haciendo posible el paso del estado de pecado al estado de gracia. Se excluyen los méritos personales, las obras o el cumplimiento de la ley.

En cuanto a los sacramentos u ordenanzas, la Reforma los reduce, como ya hemos dejado escrito, a dos: bautismo y santa cena o comunión. Veamos algunos rasgos distintivos:

a) Sobre el bautismo:

—Las iglesias vinculadas a la Reforma magisterial practican el bautismo infantil.

—Las iglesias procedentes de la Reforma radical incorporan el bautismo de creyentes, adultos en la fe.

b) Sobre la eucaristía o santa cena:

—La teología católica afirma la transubstanciación, es decir, el cambio de sustancia del pan y del vino en cuerpo y sangre de Jesucristo.

—La teología luterana sostiene que coexisten las sustancias del cuerpo y la sangre de Cristo con las del pan y el vino, si bien el pan sigue siendo pan y el vino continúa siendo vino.

—Para la Reforma radical, se trata de un símbolo o memorial.

En lo que a la eclesiología se refiere, subyace entre las iglesias de la Reforma un concepto propuesto por Lutero que habla de la Iglesia invisible, una Iglesia que agrupa a todos los creyentes sin establecer límites de tiempo o espacio ni condicionarla a una estructura eclesial específica. Está, por otra parte, la Iglesia-institución, con su formato de Iglesia nacional o el de Iglesia local o Parroquia, según se haga referencia a las Iglesias luteranas o reformadas, en el caso de la Iglesia nacional, o a las de tipo congregacional, cuando se hace referencia a la Iglesia local.

En cualquier caso, adquiere relevancia el sentido que se expresa en la frase *«Ecclesia reformata, semper reformanda»*, la declaración reformada que hizo suya Karl Barth, que define a la iglesia como una entidad que debe estar en estado perpetuo de reforma bajo la dirección del Espíritu Santo.

En cuanto a los signos que identifican a la iglesia, al igual que para la Iglesia católica la verdadera Iglesia está allí donde se imparten correctamente los sacramentos, para el luteranismo la Iglesia verdadera está donde se predica el verdadero Evangelio. Para la corriente anabautista, el énfasis está en los aspectos éticos, reflejados en el testimonio personal; por consiguiente, la verdadera Iglesia está allí donde no solo se predica, sino donde se obedece el Evangelio. La Iglesia anglicana, por su parte, después de romper con Roma, recibió una notable influencia tanto de Lutero como de Calvino, mostrándose protestante en su teología y católica en su liturgia.

Por otra parte, la Reforma reacciona contra algunas doctrinas y prácticas de la Iglesia medieval, que rechaza por considerar que están fuera de las enseñanzas de la Biblia:

- Supresión de la confesión auricular.
- Abolición de los votos monásticos.
- Postura *antipapista*. No significa hostilidad al papa, sino rechazo a su figura. Se niega el sentido de que sea reconocido como vicario de Cristo en la tierra.
- Se rechaza la confusión entre poder secular y poder espiritual, enfatizando la separación de la Iglesia y el Estado a partir de las ideas radicales del anabautismo.
- Supresión de las imágenes y culto a los santos.

IV

Consolidación de la Reforma

Al contrario de lo ocurrido en siglos anteriores con otros intentos de reformar la Iglesia, la Reforma protestante del siglo xvi terminará adquiriendo carta de naturaleza en una buena parte de Europa, aunque no sin antes tener que hacer frente a serios problemas procedentes tanto de la Iglesia medieval como del decadente Sacro Imperio Romano Germánico y de los reinos en los que el catolicismo estaba fuertemente arraigado.

Nos ocuparemos en este capítulo del papel de la Contrarreforma, de la nueva estructura de Europa en la que van definiéndose los nuevos estados protestantes y de las aportaciones de la Reforma, tanto en el terreno teológico y su papel en las misiones como de otros logros sociales. En el apartado que hemos señalado como cara y cruz de la Reforma, nos haremos eco de algunos aspectos representativos, tanto positivos como negativos.

1. Reforma vs. Contrarreforma

Si hemos afirmado que la creación de los estados modernos europeos no podría entenderse sin la Reforma, y que la Reforma, probablemente, no hubiera podido tener lugar sin haberle sido allanado el camino por el humanismo y su correlato el Renacimiento, justo es añadir que en todo ese proceso de transformación europea, tanto desde el punto de vista religioso como en el social y económico, juega un papel relevante la Iglesia católica y su trayectoria a partir del nuevo paradigma que ofrece la Reforma protestante.

A raíz de la Dieta de Augsburgo (1530), una vez evidenciado que el movimiento de reforma era imparable y sentadas las bases de una hipotética conciliación de las partes en litigio, reconociéndose ambas formalmente entre sí, la consolidación de la Reforma en el ámbito del Sacro Imperio comenzó a ser un hecho irreversible.

A raíz de estos hechos, la Iglesia católica convoca un concilio que daría paso a una nueva etapa, que ha sido denominada como Contrarreforma; un concilio denominado 'ecuménico' que, por otra parte, había sido solicitado por parte de los líderes reformados, con la pretensión de tratar y resolver, al estilo de los grandes concilios ecuménicos del pasado, los temas planteados y defendidos por la Reforma.

Finalmente, fue convocado el concilio por el papa Paulo iii (papa desde 1534 a 1549), cuya sesión inaugural tendría lugar en el año 1545, en la ciudad de Trento, después de dos intentos fallidos en 1536 y 1538. Fue clausurado en el año 1563. Un concilio que representa, sobre todo, un movimiento reaccionario contra la Reforma, en el que se consolida una iglesia sacramentalista e institucional. Trento dio la espalda a las justas reivindicaciones de los reformadores y no aprobó ninguna de sus demandas, ni siquiera la doctrina de la justificación por la fe.

Dentro de la institución católica, se consolidan los poderes jerárquicos, la autoridad papal y la prevalencia de los llamados 'medios objetivos de gracia'. Frente al valor de la Palabra y la justificación por la fe, Trento se caracteriza por crear una iglesia apologética, romana, clerical y de catolicismo popular. Su objetivo central se centra en la lucha contra los protestantes y el mundo moderno. Su teología se fundamenta en tres vías apologéticas:

- La historia, al pretender mostrar que la Iglesia católica es la única Iglesia de Jesús.
- Las cuatro notas «exclusivas» de la Iglesia católica: una, santa, católica y apostólica.
- La empírica, al afirmar el milagro moral de la persistencia de la Iglesia como Iglesia católica, afirmando que no ha variado a lo largo del tiempo.

Frente a la autoridad histórica de los concilios ecuménicos históricos, en el de Trento salió fortalecido el papado. Desde entonces es el «romano germánico pontífice» de la Iglesia católica quien nombrará a los obispos y actuará como supremo y casi único legislador. En el Concilio Vaticano I, un concilio convocado para «disipar las tinieblas del error que amenaza a la humanidad y a la Iglesia», se terminaría de legislar en torno a la figura del papa declarándolo infalible

De Trento salen las congregaciones de la Inquisición o Santo Oficio (1542); del *Índice*, para la censura de los libros (1564); del concilio, para interpretar lo decidido en Trento (1564); de obispos, de religiosos, de ritos y de canonización de los santos, y «de propaganda y fe para la expansión misionera (1622). Surge la figura del cardenal «nepote» o primer ministro. Surge, en definitiva, la Iglesia católico-romana, tal y como la conocemos actualmente, clerical, antiprotestante, antimodernista y centralista.

Es cierto que de Trento sale, igualmente, una Iglesia más depurada: se reforman los seminarios, la liturgia cobra un nuevo impulso, se revalorizan los sacramentos, se promueve la predicación dominical durante las misas festivas y se enfatiza la formación del pueblo a través de la catequesis y el catecismo.

Los laicos continuaron teniendo un papel pasivo. Así lo expresó el papa Pío X en la encíclica *Vehementer:* «La multitud no tiene otro derecho que el de dejarse conducir y la dócil grey, el de seguir a sus pastores». Su énfasis fue eminentemente popular: fomenta el culto a las imágenes, a las reliquias y a los santos, y promueve el rosario y las novenas; se promueve la devoción a los santos patronos y a la virgen María; se difunden las medallas y los escapularios, las procesiones se convierten en una manifestación de fe popular.

El Concilio de Trento proyecta su influencia sobre la Iglesia y los papas futuros. Especialmente dura fue la confrontación de la Iglesia tridentina con el mundo moderno. Gregorio xvi (papa entre 1831-1846) condenó la doctrina de la libertad de conciencia como «opinión absurda y errónea» y rechazó todas las formas de liberalismo, menos la más perniciosa, a saber, el liberalismo económico. A través del *Syllabus*, Pío ix (1864) rechazaría globalmente el progreso, la ideología liberal y la cultura contemporánea. La «herejía protestante» se convierte en el caballo de batalla a combatir denodadamente. Otro enemigo promovido a partir de las ideas gestadas en Trento será «la terrible Revolución francesa».

En resumen, se desarrolla una apologética defensiva contra el racionalismo, el protestantismo liberal y el modernismo. Estos tres elementos han marcado la teología católica y han influenciado también, y mucho, en la teología protestante de los países de mayoría católica (como es el caso de España).

El Concilio de Trento acentuó la autoridad de la tradición y el magisterio, frente al principio protestante de la *sola scriptura*. Se llegó a prohibir la difusión de la Biblia en lengua vulgar (1564, Pío iv). En lugar de la Biblia, se dio al pueblo el Catecismo. De Trento salen reforzadas la piedad popular, las procesiones y las peregrinaciones, así como la veneración a María.

En teología, la Iglesia católica promueve un resurgimiento de la escolástica, especialmente en España y en Roma, y se desarrolla la «teología de la controversia» contra los protestantes. España e Italia sufrieron de manera especial las «batallas de fe» de ese catolicismo reaccionario.

A partir de Trento, la suprema potestad del papa vino a ser un hecho, aunque la hegemonía romana y papal ya era una realidad sin que hubiera sido fijada dogmáticamente. La autoridad conciliar, que consideraba el concilio superior al papa, era hasta entonces muy fuerte y definitiva. No obstante, se va configurando la idea del papado omnipotente que, finalmente, cuajará en el siglo xix, bajo el pontificado de Pío ix, con la promulgación de la infalibilidad pontificia.

Entre Trento y el Vaticano i median tres siglos densos de acontecimientos históricos: transformaciones económicas, sociales, culturales y políticas que cambian Europa. Entre otros factores importantes, especialmente en las naciones católicas, triunfan las monarquías absolutas, que llevarían a grandes abusos del poder civil. La Iglesia de Roma se identifica con el absolutismo y, simultáneamente, se convierte en un baluarte en contra del «modernismo», es decir, toda corriente renovadora tanto en el campo social como teológico. Condena todo lo moderno por el solo hecho de serlo. Se perfilan dos formas claramente diferencias de Europa: la católica y la protestante.

Sobre las bases teológicas y eclesiales del Concilio de Trento descritas, la Iglesia católica pone en marcha la conocida como Contrarreforma católica, como frente opositor a la Reforma protestante.

En España prende con gran fuerza la Contrarreforma, desde la triple alianza de Rey-Iglesia-Estado, marcando la historia de España con el sello de la intolerancia y la persecución. No olvidemos que incluso en la progresista Constitución de Cádiz, el artículo 12 señalaba que «la religión de la nación española es y será perpetuamente la católica apostólica, romana, única verdadera». Tal y como asevera José Luis Comellas, se trata de «la declaración de confesionalidad más explícita de todo el ordenamiento constitucional español».[1]

Aunque los historiadores se refieran a ella con nombres diferentes y algunos consideren que la Contrarreforma propiamente dicha no sobrepasa el siglo XVII con el final de la guerra de los Treinta Años, la acción de contrarreforma en los países católicos, especialmente en España, se extiende desde el propio Concilio de Trento hasta la segunda mitad del siglo XX a través de una agresiva acción antiprotestante que culminó su etapa más agresiva, aparte de los autos de fe del XVI, con la época de la dictadura franquista (1939-1975).

Los efectos se dejaron sentir en menor media en otros países de mayoría católica como Francia, Austria, Bélgica e, incluso, el norte de Italia, por dos razones fundamentales: la primera debida a que estos países estuvieron expuestos más directamente a las ideas de la Reforma, como ocurrió en Italia con los valdenses, en Francia con los hugonotes o en Austria a causa de la identidad idiomática y cultural con Alemania; la segunda razón tiene que ver con el hecho de que España se convirtió bajo Felipe II y sus descendientes en un régimen ultramontano sometido en temas religiosos y morales a los dictados de la jerarquía católica, adoptando como santo y seña la defensa del catolicismo contra cualquier contagio de lo que pudiera considerarse herético, tanto procedente del judaísmo como de la Reforma.

Dos son los medios más destacados que Roma utiliza para intentar frenar el crecimiento del movimiento protestante o arrasarlo totalmente en aquellos lugares donde le resultaba más accesible, como fue el caso de España. Se trata de la Inquisición y de la orden de la Compañía de Jesús (jesuitas), creada expresamente para combatir al protestantismo.

La Compañía de Jesús fue fundada en Roma, en el año 1534 por Ignacio de Loyola junto a otros correligionarios. Fue aprobada por el papa Paulo III en 1540 y su finalidad más destacada fue combatir las ideas de la Reforma. Esta orden está ligada al papa por un voto especial de amor, servicio y obediencia.

A estos dos medios se une la creación del *Índice de libros prohibidos*, dando paso a una rígida censura. En lo que a la propia Iglesia se refiere, su esfuerzo se

---

[1] COMELLAS, José Luis: *Historia de España contemporánea*; Madrid: Ed. Rialp, S. A., 1990; p. 72.

concentró en la formación de sacerdotes, la reforma de la liturgia y de la vida monacal y la depuración de la doctrina.

En definitiva, la Reforma, por unas causas, y la Contrarreforma, por otras, fueron factores determinantes para imprimir un sello distintivo a los países en los que se afianzaron; una influencia que se deja sentir en la ética, en la economía y en la cultura en general, en unos casos de forma positiva y en otros, negativa.

El mundo occidental experimentó cambios decisivos con la llegada de la Revolución Industrial, la filosofía racionalista, la libertad de expresión, la moral laica, el culto a la razón, los derechos civiles y la confianza a veces ilimitada en el progreso; pero el pueblo vivía sometido, con bajos salarios, en viviendas infrahumanas, escasamente escolarizado y sin adecuada protección sanitaria. Ante esta depauperada realidad, mientras los países protestantes se identifican con la modernidad, experimentan un notable progreso económico y social, las preocupaciones teológicas del Vaticano i se orientan a aspectos dogmáticos, disciplinares, canónicos y litúrgicos, fundamentalmente. La Iglesia católica vivía de espaldas a la realidad, sin conexión con la cuestión social y la situación del pueblo.

2. La Europa protestante

La Reforma va tomando formas eclesiales y matizaciones teológicas diferentes conforme se va haciendo efectiva su implantación en Europa. El hecho de haberse liberado de las rígidas estructuras medievales facilita la expresión libre de los diferentes focos reformados que se traducirán finalmente en denominaciones eclesiales independientes, que adoptarán o les será adjudicado el nombre de sus promotores o bien el que hacía referencia a algunos de sus énfasis teológicos más destacados.

Un dato de interés es que ni las Iglesias surgidas de la Reforma magisterial ni las que brotaron del movimiento radical forman un bloque homogéneo sujeto a una estructura y a una jerarquía unitarias. Precisamente, una de las características más sobresalientes de la Reforma es su pluralidad eclesial, en la que caben diferentes énfasis teológicos. En ningún momento sus promotores tuvieron la intención de crear una Iglesia estructurada bajo una jerarquía piramidal, al estilo de la Iglesia medieval; antes bien, conectan con el espíritu de las Iglesias posapostólicas que se van configurando como una fraternidad de Iglesias nacionales. En el caso de la Reforma protestante, este fenómeno se produce bajo la única autoridad de la Biblia.

Después de establecida la Paz de Augsburgo el 25 de septiembre de 1555, que establece las bases de coexistencia entre catolicismo y protestantismo y los efectos de la guerra de los Treinta Años que terminó poniendo freno a las amenazas del emperador Fernando ii contra los protestantes, se firmaron los tratados de Westfalia (1648-1649) regulando la convivencia de ambas confesiones en los territorios donde cada una de ellas había conseguido imponerse.

Transcurridos veinte años de la colocación de *Las 95 tesis* de Lutero, la Reforma había penetrado, aparte de en Alemania y Suiza en Escandinavia, en los Países Bálticos, en Inglaterra, Escocia, Holanda, Francia, Polonia, Bohemia, Moravia, Hungría y Transilvania, tomando nombres diferentes: en el norte de Francia, hugonotes; en los Países Bajos, reformados; en Escocia, presbiterianos; en algunas partes de Inglaterra, puritanos, aparte de la Iglesia anglicana; y luteranos, en Alemania y su ámbito de influencia cultural.

Precisamente, el puritanismo fue uno de los movimientos de mayor relevancia surgido en Inglaterra en el seno de la Iglesia anglicana durante el reinado de Enrique VIII. Fue denominado 'puritanismo' porque sus integrantes exigían mayor nivel de pureza en la Iglesia, conforme a las enseñanzas evangélicas. Propugnaban la desaparición de los templos y la necesidad de despojar el culto de todo vestigio procedente de la Iglesia medieval. Exigían, igualmente, que se adoptara la teología calvinista. De esta forma, el puritanismo resultó ser el sustrato más significativo de la Reforma en Inglaterra, convirtiéndose en el caldo de cultivo para el surgimiento del congregacionalismo, que daría origen a las primeras Iglesias bautistas.

El puritanismo respondía, a la vez, a la nueva configuración social y política del país y a la sociología religiosa desarrollada por la Reforma en Inglaterra. La convivencia entre ambas expresiones religiosas, anglicanos y puritanos, resultó enriquecedora, hasta que se produjo el enfrentamiento producido bajo el reinado de Carlos I (1625-1649).

La pasión religiosa que despierta el puritanismo no hay que identificarla con una religión nueva o la fidelidad a un ritual o a una jerarquía determinada, sino al hecho de concebir la religión como una experiencia interior, un diálogo entre el hombre temeroso y el Dios soberano, una especie de misticismo casi racionalista que termina definiendo ese carácter inglés serio que muestra una cierta honestidad rígida y estricta capaz de mezclar los asuntos mercantiles y los religiosos. Se trata de una actitud espiritual más que de un credo.

En lo que a Francia se refiere, el germen de la Reforma data de una época anterior a Lutero y Calvino. Contaba con un importante sustrato espiritual que llegaría a ser afín a la Reforma en los residuos de albigenses y valdenses que todavía quedaban en el sur y el sudeste del país, que acogieron con entusiasmo las ideas calvinistas procedentes de Ginebra y facilitaron la implantación del pensamiento protestante, con quienes terminarían uniéndose en el sínodo celebrado en 1532.

La acendrada cultura humanista facilitó el camino para la Reforma en Francia. No obstante, tendría que enfrentarse a la fuerte oposición de la Contrarreforma, que contaría con el apoyo de la autoridad civil. El edicto de Nantes, promulgado en 1598, pondría fin a las guerras de religión y, aún siendo mayoritaria la religión católica en ese país, se otorgaba a las Iglesias reformadas de Francia la posibilidad de acceder a todos los empleos y una relativa libertad de culto, situación que sería revocada por Luis XVI en 1785, dando lugar a una cruenta persecución de los llamados 'hugonotes' que desembocó en la trágica «noche de San Bartolomé» (24 de agosto de 1572), auspiciada por el duque de Guisa, en la que se calcula que fueron asesinados entre tres y cuatro mil hugonotes en París y entre treinta mil y cien mil en toda Francia. La *Confesión de fe de La Rochelle* (1571) es el documento fundador de las Iglesias reformadas de Francia. La libertad de cultos solo sería proclamada en este país con la Revolución (1789).

3. Reforma y misiones

Desde fecha muy temprana, las iglesias de la Reforma sienten la vocación misionera entendida como un mandato evangélico de obligado cumplimiento consistente en llevar el Evangelio a todas las naciones (Mateo 28:16-30): la *gran comisión* se convierte en el mandamiento de Jesús por excelencia. Bien es cierto que la primera expansión misionera registrada, orientada hacia las colonias británicas en América por quienes buscaban refugio a causa de la persecución, fue motivada por razones diferentes, pero queda marcada como el inicio de las misiones protestantes.

La instauración del protestantismo en la América anglófona hay que fecharla en 1620, cuando llegó a sus costas, a bordo del *Mayflower*, un grupo de puritanos ingleses, los llamados «padres peregrinos», que iban huyendo de la persecución religiosa y discriminación social de la que eran objeto en Inglaterra. Anteriormente (a partir de 1602), habían llegado a las costas americanas pequeños colectivos de anglicanos.

A la primera gran remesa de inmigrantes se unirían posteriormente otros grupos, animados por la utopía religiosa de fundar una «nueva Jerusalén», en la que pudieran regirse por los principios dimanantes de la Biblia. Entre los diferentes grupos confesionales que se instalan en lo que llegarían a ser los Estados Unidos de América, destacarían muy pronto los bautistas, llegando a constituir uno de los grupos protestantes más numeroso e influyente en los Estados Unidos, especialmente en los estados del sur.

En América tienen que aprender a coexistir puritanos, calvinistas, luteranos, presbiterianos, bautistas, anglicanos (episcopales), metodistas, cuáqueros, menonitas, moravos y otros grupos de extracción protestante con los católicos procedentes de Irlanda y Alemania en el primer contingente de inmigrantes, a los que se unirían los procedentes de la Europa latina y eslava y los judíos, mayoritariamente rusos y polacos, posteriormente. Finalmente, ya en fecha más reciente, el contingente mayor sería de latinoamericanos.

Con todo, en la formación de la identidad nacional norteamericana prevalece el peso de la civilización británica y el espíritu protestante, por lo que los católicos van a ser considerados durante mucho tiempo «extranjeros» desdeñados por los anglosajones. La presencia calvinista cala hondo en la cultura norteamericana, ejerciendo una influencia indiscutible sobre la vida política, social y económica del país, llegando a ser considerada la eficacia en el trabajo y el éxito en la vida como la señal de estar recibiendo las bendiciones de Dios.

Por otra parte, en consonancia con la estructura política y social que va adquiriendo el nuevo continente, surgiría una nueva concepción del protestantismo: un protestantismo de personas *convertidas* (nacidas de nuevo), resultado de una decisión personal, que resultaría en un sello distintivo de la mayoría de las confesiones protestantes norteamericanas, apelando a la experiencia personal, lo cual les ha conferido una gran vitalidad religiosa. Otro hecho relevante del protestantismo que le ha hecho prosperar, especialmente en esas tierras, es que ha captado la idea sembrada por la Reforma de hacer de la parroquia (es decir, la iglesia local) su razón de ser, a veces en perjuicio de la Iglesia en su sentido universal. Pero, al centrar su esfuerzo sobre la iglesia local, los protestantes han podido controlar el peligro latente de la institucionalización de la Iglesia.

A raíz del Gran Avivamiento entre las colonias inglesas de América, producido en el siglo xviii,[2] se consolidaría la identidad protestante de este joven país emergente como el signo más destacado de su seña de identidad nacional, es decir, la libertad religiosa, que se convierte en uno de los estandartes más celosamente defendidos por el pueblo americano.

El interés por las misiones de parte de los países en los que se asienta la tradición protestante surge como una reacción a la influencia secularizadora del enciclopedismo (Diderot, Voltaire, D'Alembert, Montesquieu, 1751-1772) y a todo el movimiento promovido en torno al culto a la razón (1789), que hace tambalear la fe de muchos creyentes, llegando a ser muy preocupante para las diferentes confesiones protestantes la situación en países como Inglaterra y los Estados Unidos de América. Las iglesias protestantes, tanto en Inglaterra como en Estados Unidos reaccionan a esa situación, de cuya reacción surge un avivamiento religioso que propicia la piedad personal y la evangelización de otras tierras y que va a marcar con sello preferentemente anglosajón las misiones de los siglos xix y xx. Y así, en las iglesias protestantes de esos países, el fervor religioso se desborda y se crean numerosas organizaciones encaminadas a la distribución de la Biblia y folletos encaminados a la evangelización y apertura de nuevas misiones en todo el orbe, alcanzando su influencia, entre otros muchos lugares de Latinoamérica, África, Asia y Oceanía, a la península ibérica.

Con anterioridad a esas fechas, ya en el siglo xvii, los protestantes holandeses fomentaron la implantación de Iglesias reformadas en países en los que estaban presentes por razones comerciales, como la India y Brasil, especialmente. También

---

[2] Se trata de un gran despertar espiritual, que algunos denominan como revolución religiosa, de corte metodista, auspiciado por los hermanos Wesley y George Whitefield, producido entre las iglesias protestantes de las colonias inglesas de América entre los años 1730 y 1740.

las iglesias de Dinamarca, en el siglo xviii, se interesaron por las misiones en la India y en Groenlandia, pero el grueso de las misiones protestantes, como ya hemos dicho, arranca en el siglo xviii, siendo el fundador de la primera de las grandes sociedades misioneras el predicador bautista inglés William Carey (1761-1834), él mismo misionero en la India, adonde se desplazó en el año 1793. Allí tradujo la Biblia al bengalí y cosechó notables éxitos en la conversión de muchos nativos. Cuando murió en 1834, había abierto 126 escuelas de niños, 27 de niñas y un colegio de educación secundaria; había creado una sociedad de agricultura, una de horticultura y una caja de ahorros. Aunque, tal vez, la obra más relevante de Carey fue fomentar el fervor por la obra misionera, iniciando la era de las grandes sociedades dedicadas a tal fin. Otro misionero inglés de renombre, conocido como «el príncipe de los misioneros», sería David Livingstone (1813-1873), más conocido como explorador, aunque su motivación principal pudiera ser la de predicar el Evangelio.

De esta forma, el espíritu de compromiso en el cumplimiento de la gran comisión, que inspira a las diferentes confesiones o familias protestantes, pondría en marcha una actividad misionera sin precedentes, contribuyendo notablemente a la instauración de iglesias protestantes en aquellos lugares donde la presencia era nula o escasa y desarrollando una labor social y educativa, por medio de hospitales y escuelas desconocida hasta entonces. Precisamente, el hecho característico del protestantismo de los siglos xix y xx es su expansión misionera.

Concretamente en Latinoamérica, la presencia de diferentes iglesias protestantes, mayoritariamente pentecostales en las últimas décadas, ha proliferado de tal forma que en la actualidad se considera que en torno a un 30 o 40 % de su población practica alguna forma de fe protestante, destacando países tan diferentes entre sí como Brasil, Chile o Guatemala. En alguno de estos países, las estadísticas señalan que superan ya el 50 % de la población los que se declaran evangélicos o protestantes. Estos datos tienen un significado especial, ya que los países de América Latina, convertidos en el bastión principal del catolicismo Romano Germánico, han sido tradicionalmente considerados como cerrados a la Reforma y, sin embargo, el progreso del protestantismo ha sido y está siendo uno de los fenómenos socio-religiosos más destacados del siglo xx y principios del xxi.

De manera especial, el fenómeno se ha acrecentado en las últimas décadas. Existe un considerable flujo de transferencia religiosa desde la población católica a la protestante, desconocido en el viejo continente hasta ahora. Y, además, el protestantismo está sirviendo como agente de socialización y desarrollo, promovido tanto por el impulso y apoyo de las agencias misioneras como por el esfuerzo de los fieles autóctonos que han puesto en marcha proyectos culturales y de acción social de alto alcance y han sabido involucrarse sin complejos en los procesos políticos de sus respectivos países, llegando a ocupar posiciones al más alto nivel en algunos parlamentos y en diferentes gobiernos.

Todo este proceso de cambio se ha producido en medio de fuertes medidas represivas, promovidas o inspiradas por lo regular por la jerarquía católica, que ha visto cómo se le iba reduciendo su campo de influencia. Por otra parte, el protestantismo ha ejercido una gran influencia en la vida privada y social, combatiendo el alcoholismo y otras lacras sociales, contribuyendo de esta forma a desterrar el analfabetismo, a que disminuyan las enfermedades venéreas y a restaurar la unidad familiar.

La parte oscura de este proceso evangelizador y de desarrollo social está en la acusación que se le hace a los colectivos protestantes desde algunos sectores, señalando que las agencias misioneras, en especial las procedentes de los Estados Unidos, han actuado con frecuencia como agentes políticos al servicio de los intereses norteamericanos, a la vez que han introducido valores culturales que nada tenían que ver con la predicación del Evangelio de Jesucristo. Parecida o idéntica acusación que en otro tiempo se hizo a las misiones católicas españolas, denunciando que defendían los intereses de España y promovían una cultura imperialista en los países de misión.

Otro núcleo de implantación de las iglesias de la Reforma es Rusia. Se produce, especialmente, en el siglo XIX y está íntimamente ligada a la distribución de la Biblia por parte de las agencias misioneras. A finales de siglo XIX, se calculaba que, al menos, un 3 % de la población era protestante, mayoritariamente luteranos y reformados, además de los grandes enclaves de protestantes polacos y finlandeses. Otros grupos significativos fueron las comunidades moravas, menonitas y bautistas. Los calvinistas y metodistas llegarían a tener una presencia significativa al finalizar la segunda guerra mundial.

El recrudecimiento del régimen soviético, una vez finalizada la guerra, introduce intolerancia y persecuciones para todas las confesiones religiosas, haciendo desaparecer muchas iglesias, especialmente las más institucionalizadas. Pervivieron con mayor fuerza, debido a su estructura más libre y congregacional, los menonitas que, no obstante, a causa de la opresión del régimen político, terminarían emigrando, preferentemente a Paraguay y Brasil, en la medida que les fue posible hacerlo. Mantuvieron, igualmente, una resistencia activa los bautistas, a los que se unieron algunos otros grupos minoritarios como los Hermanos de Plymouth, que disfrutaron de una cierta tolerancia, no exenta de discriminaciones y persecuciones, llegando a contar, no obstante, con una implantación muy considerable.

Y, referido a lugares tan exóticos para el cristianismo como Corea del Sur, por hacer una referencia más a la expansión misionera en tiempos recientes, podemos señalar que a comienzos del siglo XXI se calcula que los evangélicos o protestantes representaban un 25 % de la población surcoreana. No es necesario argumentar la íntima relación que existe entre la implantación de las ideas protestantes en este país asiático y su conexión política con los Estados Unidos.

Por otra parte, en contraste con lo que ocurría a finales del siglo XIX, cuando dos de cada tres misioneros cristianos en el mundo eran católicos y la mitad de ellos franceses, hoy en día se considera que un 75 % de los misioneros son americanos y la gran mayoría pertenece a iglesias protestantes.

¿Cuáles fueron las motivaciones que impulsaron a las iglesias protestantes a emprender con tanto fervor la aventura misionera? La primera y principal, promovida por los movimientos de avivamiento espiritual, fue revelar a los no cristianos el mensaje de salvación manifestado en Jesucristo, en cumplimiento del mandato de Jesús a sus apóstoles. Pero este fin fue cubierto haciendo uso de muy diversos medios; entre otros, el afán por elevar el nivel de bienestar de los países de misión, la creación de escuelas y hospitales junto a las iglesias, la impresión y difusión de libros escolares y de la Biblia en la lengua de cada pueblo evangelizado, elevar la dignidad de los nuevos conversos y una notable preocupación por mantener un *testimonio personal* incólume, es decir, una motivación ética. Además, han proporcionado a los países de misión médicos, exploradores, etnólogos, filósofos… y han formado a muchos hombres y mujeres de la clase política y de la élite social.

La conferencia mundial celebrada en Edimburgo, Escocia, en 1910 con el propósito de analizar y racionalizar el esfuerzo misionero a nivel mundial, en la que no hubo participación católica, puso de relieve el concepto colonial de proclamar el Evangelio a los «paganos» y propagar los valores de la «civilización» occidental, recomendando a las agencias misioneras que renunciaran a sus particularismos occidentales cuando se encontraban en el campo misionero. En esta conferencia se establecieron los fundamentos para la creación de un Consejo Misionero Internacional que se constituyó oficialmente en 1921.

El resultado de todo este proceso es que la Reforma no puede considerarse una religión exclusiva de los países germánicos, ni siquiera europea o norteamericana. Su mensaje ha penetrado otras civilizaciones y se ha adaptado a otras culturas.

4. Cara y cruz de la Reforma

¿Ha contribuido la Reforma a la transformación de Europa y, consecuentemente, a la civilización occidental y, por extensión, a la cultura universal? Hoy en día, al contrario de lo que ocurría hace tan solo unas pocas décadas en nuestro entorno geográfico y cultural, muy pocos son los que ponen en tela de juicio el lugar importante que ha ocupado la Reforma a la hora de restaurar los valores cristianos y su incalculable aportación a la civilización occidental. El humanismo y el Renacimiento, en el terreno cultural, la Reforma, en el religioso y la Revolución francesa junto a la Revolución Industrial, en el político, económico y social, convirtieron a Europa en el conjunto de estados modernos capaces no solo del desarrollo económico, sino de impulsar los valores cristianos y promover la defensa de los derechos humanos.

Sin embargo, no podemos pasar por alto que esta Europa culta, rica y reivindicadora de valores cristianos ha sido también el escenario de persecuciones y guerras fratricidas, como la denominada guerra de los Treinta Años (1618-1648) a la que ya nos hemos referido, librada en la Europa central entre los estados de la Reforma y los de la Contrarreforma, todos ellos integrados en el Sacro Imperio Romano Germánico, que finalmente se convertiría en una guerra general europea, con implicaciones no solo religiosas, sino políticas. A esta conflagración se une la guerra de España con los Países Bajos que luchan por liberarse de lo que consideran «el yugo español».

Estas confrontaciones marcarían el futuro de Europa; finalizaron con la Paz de Westfalia (1648) y la Paz de los Pirineos (1659) respectivamente, cuyas consecuencias políticas no cabe analizar aquí. Los efectos humanos de estas guerras fueron devastadores.

Al desastre de la guerra de los Treinta Años y, en lo que a guerras se refiere, aparte de otras contiendas menores, hay que añadir la primera y segunda guerra mundial, ya en el siglo XX, generadas igualmente en Europa, desastres de dimensión mundial que no son, ciertamente, exponente de valores cristianos y que suponen una vergüenza para Europa, para el cristianismo y para la humanidad.

En lo que a intolerancia y persecución se refiere, mencionaremos cuatro hechos vergonzantes, producidos bien en el terreno de la Reforma, o bien en el de la Contrarreforma. El primero de estos hechos, relacionado con el reformador ginebrino Juan Calvino, tiene que ver con el oscense Miguel Servet (1509 o 1511-1553), una figura humanista propia del Renacimiento español. Su actividad como teólogo y científico destacó en muy diversos campos. En el terreno científico, especialmente a causa de su trabajo sobre la circulación de la sangre; en el campo de la teología, sobresalen sus escritos cristológicos negando la doctrina de la Trinidad y otros planteamientos considerados heréticos tanto por el catolicismo español como por las Iglesias reformadas. El asedio de la Inquisición le hizo buscar refugio en Francia y otros países europeos. Ya en Ginebra, sus discrepancias con los reformadores hacen que sea arrestado, sometido a juicio por su negación de la Trinidad y su defensa del bautismo de adultos, condenado y muerto en la hoguera por orden del Consejo de la Ciudad presidido por Calvino.

El segundo caso al que queremos hacer referencia es el concerniente a la emigración de los llamados «padres peregrinos» y otros grupos de disidentes de las religiones mayoritarias en Europa a principios del siglo XVII, a los que ya nos hemos referido anteriormente. La situación de intolerancia religiosa, aún después de la Paz de Westfalia, se hizo tan agresiva para las minorías procedentes de la Reforma radical (bautistas, puritanos, pietistas, congregacionalistas y otros grupos no adscritos a las iglesias oficiales, es decir, la Reforma magisterial, la Iglesia de Inglaterra o la Iglesia católica) que dio origen a un flujo de exiliados hacia el Nuevo Mundo en busca de libertad y mejores condiciones de vida. Arranca este éxodo con el mítico viaje del barco Mayflower[3] que parte de Gran Bretaña el 16 de septiembre de 1620, al que seguirían otros flujos migratorios.

El tercer y cuarto casos de intolerancia y persecución religiosa en la Europa del siglo XVI, llevado hasta las últimas consecuencias, tienen que ver con la Contrarreforma, en su manifestación más sangrienta. Junto con la Noche de San Bartolomé, en Francia, a la que hacemos referencia en otro lugar, destaca la aplicación de la Inquisición a los reformados españoles, una represión que consiguió arrasar los focos surgidos en varias ciudades españolas, especialmente en Valladolid y Sevilla.

Teniendo como telón de fondo el contexto en el que se desarrolla la historia de la Europa que va configurándose a partir de la Reforma, haremos ahora mención a aquellas aportaciones que se deben a su implantación en Europa primero y en una buena parte del mundo después.

1. La traducción de la Biblia al idioma alemán, con lo que se unifica y da forma a la lengua alemana, dispersa hasta entonces en diferentes dialectos. Y, como corolario de esa aportación inicial, el interés por la traducción de la Biblia a todos los idiomas y dialectos del mundo, con lo que ello significa de contribución al acervo religioso y cultural.

2. La Reforma se gana el favor de la nobleza y de los intelectuales, que reconocen en las doctrinas y enseñanzas propuestas un retorno a las esencias del cristianismo y una recuperación del mundo secular que permitiría un impulso de la ciencia y de la tecnología, una vez liberados de las ataduras supersticiosas que tan férreamente venía ejerciendo sobre la sociedad civil la Iglesia medieval.

3. La Reforma se gana, igualmente, la voluntad del pueblo y prende en las capas más humildes, que responden con fidelidad al esfuerzo de los magistrados y de los teólogos, percibiendo que ante ellos se está abriendo un mundo nuevo con unas posibilidades absolutamente inimaginables bajo el régimen feudal. Valoran de manera especial el régimen de libertades y las muchas posibilidades de promoción social que se presentan.

4. Al estimular e impulsar por parte de los reformadores la lectura de la Biblia, se pone en marcha una intensa campaña de alfabetización con el fin de poder tener acceso a su lectura. Se desarrolla y potencia el mundo intelectual, con una inmediata incidencia en el campo teológico y cultural.

---

[3]   Barco en el que partieron de Plymouth los puritanos de Inglaterra hacia la Nueva Inglaterra el 16 de septiembre de 1620. Los peregrinos buscaban crear una nueva Jerusalén y purificar así la religión anglicana de los males que la aquejaban, según pensaban ellos.

En menos de un siglo la media de los países protestantes era mucho más culta que los ciudadanos vinculados con el catolicismo.

5. Se recupera el matrimonio entre la clase sacerdotal, introduciendo en las iglesias un nuevo estilo pastoral.

6. Se extiende la idea de la necesidad de que se produzca una real separación de la Iglesia y el Estado, una idea que prosperará con mayor incidencia en el sector radical de la Reforma.

7. Al enfatizar las enseñanzas del Evangelio, los nuevos creyentes se vinculan y comprometen con los valores bíblicos, tanto en la vida familiar como en los negocios, prevaleciendo la defensa de la verdad y denostando la mentira.

8. El compromiso ético, enfatizado especialmente por la rama calvinista, permitiría diseñar la sociedad de forma diferente al modelo medieval introduciendo los valores éticos en la vida personal y familiar, así como en los negocios y en la política; unos valores capaces de imprimir en las relaciones personales, familiares y ciudadanas un sello distintivo de honestidad desconocido hasta entonces.

9. Se dignifica el valor del trabajo bien hecho, desterrando la idea de considerarlo como un castigo divino propio de la cultura tradicional. El trabajo alcanza un rango espiritual, ya que se enseña que a través del trabajo bien hecho el cristiano está honrando a Dios.

10. La enseñanza calvinista del trabajo bien hecho como forma de alabar a Dios iba unida a la necesidad de llevar una vida austera. Con este tipo de conducta, la prosperidad económica era reinvertida en generar mayor riqueza, contribuyendo con ello a crear una sociedad próspera, claramente diferenciada de los pueblos bajo influencia católica u ortodoxa, en los que las ganancias generadas por el trabajo o la industria eran destinadas preferentemente a placeres y lujos mundanos.

11. La Reforma da paso a una nueva realidad religiosa: la pluralidad eclesial y, con ello, se fomenta un talante ecuménico de aceptación del diferente.

12. Junto a estos valores de carácter universal, la Reforma desarrolla algunas características propias:
    - Se genera una nueva percepción de la fe como impulsora del compromiso personal, Las obras no tienen como fin adquirir la salvación; son la expresión de vidas transformadas, por lo que la fe implica un compromiso social de servicio.
    - Aunque no inicialmente, ni en la Reforma magisterial, termina imponiéndose el principio de libertad religiosa.
    - No reconoce una autoridad global equivalente al Vaticano.
    - Se recupera la comunión bajo las dos especies, pan y vino.

- Énfasis en el individuo vs. comunidad.
- El pastor no es un «mediador», es un «anunciador».
- Libre albedrío.
- Sacerdocio universal de los creyentes vs. sacerdocio sacramental.
- Primacía de la predicación en el culto.

V

La Reforma en España

Tal y como veremos a continuación, el brote de la Reforma protestante en la España del siglo XVI fue ahogado en sangre, por lo que habría que esperar hasta el segundo tercio del siglo XIX para que se consolidaran las primeras Iglesias reformadas.

Se plantea el hecho socio-religioso español, en el que la existencia de una religión oficial excluyente de cualquier otra ideología religiosa y la falta de libertad de conciencia hacen que la implantación de la Reforma en España se vea fuertemente reprimida.

Por otra parte, al ser el protestantismo español del siglo XIX, en sus orígenes, fruto de la intervención de agencias misioneras foráneas, analizaremos las diferentes corrientes teológicas que han influido en su desarrollo para cerrar este capítulo ofreciendo, en formato de anexo, un esquema estadístico que permite una aproximación sociológica a la realidad protestante de la España contemporánea.

1. En el siglo XVI

La implantación de las ideas protestantes en la España del siglo XVI prometía ser fructífera, a juzgar por los sectores en los que prendió inicialmente, una parte de la nobleza y grupos importantes del clero y de la intelectualidad. No obstante, la férrea alianza entre la Iglesia establecida y el poder civil consiguieron terminar con los brotes reformados, perpetuando con ello el sistema medieval, con lo que se privó a España de los beneficios espirituales y sociales que introdujo la Reforma en otros países europeos.

Los brotes más destacados de la Reforma en España se sitúan en Valladolid y en Sevilla. En Valladolid, el foco principal se mueve en el entorno del séquito de Carlos V y, en Sevilla, serían los monjes jerónimos del monasterio de San Isidoro del Campo los que destacan en su identificación con las ideas reformadas.

También en España se deja sentir el sustrato humanista y el interés por beber de las fuentes (*ad fontes*) originales, destacando entre esos colectivos el interés por la lectura de la Biblia. Nombres como Juan de Valdés (1509-1541), Francisco de Encinas (1518-1552), Casiodoro de Reina (1520-1594), Cipriano de Valera (1531-1602), Antonio del Corro (1527-1591), Constantino Ponce de la Fuente (1502-1560), Juan Pérez de Pineda (1500-1567) y otros denodados humanistas-protestantes de la época han quedado como referente de una Reforma que no fue posible. A Casiodoro de Reina y a Cipriano de Valera debemos la traducción de la Biblia completa al castellano, obra cumbre de la literatura del Siglo de Oro español, según testifica el propio Marcelino Menéndez Pelayo, un escritor nada sospechoso de proclividad hacia los protestantes. Por su parte, Juan Pérez de Pineda formaba parte del séquito de Carlos V, como encargado de negocios, y editó en 1556, con ligeras correcciones, el Nuevo Testamento traducido o editado por Francisco de Encinas en 1543, del que habían sido destruidos casi todos los ejemplares.

A pesar del ímpetu con el que se puso en marcha la Reforma en España, tuvo un recorrido corto, ya que la Inquisición se empleó a fondo y aniquiló todo vestigio de disidencia con respecto a la Iglesia católica. Son tristemente famosos los *autos de fe*, a raíz de los cuales se condenó a muerte a cuantos fueron identificados como sospechosos de herejía o como relapsos, salvo aquellos que tuvieron el acierto de exiliarse a tiempo a otros países europeos, donde desarrollaron su fe y servicio como escritores, predicadores o docentes. Muchos de los que consiguieron salvar su vida fueron quemados en efigie.

El auto de fe era un espectáculo recibido por el público con gran alborozo, de forma festiva. Dos de los autos de fe más célebres tuvieron lugar en la plaza Mayor de Valladolid los días 21 de mayo y 8 de octubre de 1559. Otros muchos fueron llevados a cabo tanto en Valladolid como en Sevilla, así como en Toledo, en Barcelona o en Madrid. Algunos de ellos como homenaje a Felipe II, a quien, al parecer, le gustaba mucho presidir estos espectáculos.

El Greco, en su cuadro *Auto de fe,* o Miguel Delibes, en su novela *El hereje*, recrean con gran precisión estos actos. Un auto ya tardío, inmortalizado por Francisco Rizzi, en su cuadro *Auto de fe en la plaza Mayor de Madrid,* fue el celebrado en 1680, con motivo de la boda del rey Carlos II con María Luisa de Orleans. Algunos autores registran como el último de los autos de fe el llevado a cabo en 1720, presidido por Felipe V; para otros autores, el último auto de fe fue el celebrado en Sevilla en 1781. Tal vez la depredadora actuación de la Inquisición no fuera la única razón que impidió que la Reforma echara raíces en España, como afirman algunos historiadores, pero fue, en todo caso, la más importante y definitiva.

La realidad es que la Reforma del siglo XVI fue arrasada hasta el punto de que en el siglo XVII apenas quedaban ya vestigios de presencia protestante en suelo español, a pesar de haber prendido el mensaje reformado, como ya hemos apuntado anteriormente, en sectores de reconocida influencia y relevancia social y religiosa. La Inquisición se encargó de arrancar hasta el más pequeño brote de la presencia protestante, inmolando a todos cuantos no tuvieron ocasión de huir al extranjero en busca de espacios de libertad.

Estas circunstancias hicieron que España se quedara anclada en un modelo religioso y social refractario a cualquier tipo de reforma, bien fuera de carácter religioso, político, cultural o económico, estableciéndose una frontera cultural entre la Europa protestante y la España católico-romana que hace que en España se vaya más lento en el desarrollo científico y tecnológico que se produce en la Europa protestante y, consecuentemente, en el progreso económico y cultural.

España vino a ser la más firme aliada de las posturas antimodernistas que arrancan del Concilio de Trento (1545-1563), se afianzan en el Vaticano i (1869-1870) y termina consolidándose con el muy reaccionario Pío x (papa entre 1903 y 1914) y su cruzada en contra de la modernidad.

2. La segunda Reforma: siglo xix

En términos generales, la presencia protestante antes de 1868 es difusa y muy difícilmente cuantificable. Puede aceptarse, con ciertas reservas, el número de doscientos fieles para esa fecha en todo el territorio español, cifra que manejan algunos historiadores, aunque bien pudiera tratarse únicamente de personas que, por su especial sensibilidad y proclividad religiosa, estaban muy próximas a identificarse con el protestantismo de una manera sociológica, más que por estar doctrinal y formalmente integradas en alguna Iglesia.

Este clima de aproximación se produce especialmente bajo la influencia de Francisco de Paula Ruet (1826-1878), convertido en Turín en una iglesia valdense, donde fue ordenado al ministerio pastoral; Manuel Matamoros (1834-1866), convertido en Gibraltar; José Alhama Teba (1826-1892) y otros como Trigo, Marín, Carrasco, Hernández, pronto condenados y desterrados a Gibraltar, Suiza o Francia, a quienes puede considerarse los protoevangélicos españoles.

El testimonio de estos denodados evangélicos de la primera parte del siglo xix influiría en los sacerdotes Juan Bautista Cabrera y Antonio Villaespinosa (diácono) que dejarían los hábitos católicos para, aún en el destierro, convertirse a la fe reformada. Otros destacados protestantes de la época son Juan Calderón, James Thomson, Ramón Montsalvatge, José María White (Blanco Crespo), William H. Rule, Luis Usoz y Río, Robert Chapman o George Borrow y el teniente James Newenham Graydon, conectados a las Sociedades Bíblicas.

Gibraltar e Inglaterra se convierten en dos importantes puntos geográficos donde se formarán comunidades de habla castellana en esta época previa a la libertad religiosa, por lo que la estructura eclesial y teológica de las primeras congregaciones, constituidas en España a partir de 1868, se caracteriza por la influencia anglosajona, especialmente a través de Gibraltar, por su vinculación geográfica, desde donde el apostolado evangélico alcanza su mayor relevancia.

Y ya que pretendemos extender nuestra visión sobre el amplio espectro del protestantismo español, bien podemos hacerlo agrupando y analizando los diferentes brotes de testimonio en dos grandes bloques. En primer lugar, aquellos que tienen su origen bajo la influencia teológica de la Reforma magisterial, es decir, las Iglesias reformadas a las que unimos, por necesidad de simplificación, la Iglesia anglicana; todas ellas tienen su origen en el siglo XIX. En segundo lugar, aquellos otros grupos que se identifican con la Reforma radical: hermanos, congregacionalistas y bautistas, así como los metodistas. A este grupo habrá que añadir, ya en el siglo XX, la aparición de adventistas, pentecostales, Movimiento de Restauración, Filadelfia (gitanos pentecostales), carismáticos y otros diferentes grupos, variaciones de pentecostales o bautistas, en su mayoría.

Con todo, no es posible simplificar, especialmente cuando hacemos referencia al siglo XIX, ya que no es fácil deslindar las influencias teológicas recibidas por cada una de las ramas protestantes, puesto que desde fecha muy temprana se aprecia una querencia a la unificación y al entendimiento colectivo entre todos los llamados *evangélicos*, si bien pronto quedaría demostrado que esta tendencia estaba condenada al fracaso, especialmente en lo que se refiere al ideal de constituir una sola iglesia, tal y como era el propósito de algunos de sus más destacados dirigentes.

Con anterioridad a 1868, merecen ser citados los trabajos de la Misión Metodista Wesleyana (1835), a la que pertenecía Harris Rule, la Sociedad Bíblica Británica y Extranjera (1837), para la que trabajó Jorge Borrow, o la Sociedad Española de Evangelización (1855), con la que colaboraron Jaime Thomson y Fernando Bonhome, entre otros. De esta etapa citaremos también a Francisco de Paula Ruet o Manuel Matamoros, todos ellos desarrollando un ingente trabajo, que no pudo consolidar sus frutos hasta que, el 28 de septiembre de 1868, las fuerzas liberales triunfan en la batalla de Alcolea y, con ello, abren un corto pero fructífero proceso en la historia del protestantismo español

Abierta España a la libertad de cultos, a partir de 1868 comienzan a regresar algunos de los protestantes españoles en el exilio y a ellos se unen misioneros extranjeros, constituyendo iglesias y, muy pronto, otro tipo de asociaciones, especialmente educativas. Son varios los nombres registrados: la Iglesia Española Reformada, presidida por Juan Bautista Cabrera (1869) que en 1872 pasa a llamarse Iglesia Cristiana Española y, actualmente, desde 1886, Iglesia Evangélica Española. También debe citarse la Iglesia Española Reformada Episcopal, que tiene su origen en la Iglesia Cristiana Española, pero que en 1880 se independiza para adoptar el carácter episcopal. Otras Iglesias e instituciones antiguas son las primeras Iglesias bautistas (1870): las Asambleas de Hermanos (1872), la Misión Americana del Norte de los esposos Gulick (1872) y la Alianza Evangélica Española (1877), por citar algunas.

Por otra parte, la delimitación teológica del protestantismo español es compleja, sobre todo debido a la propia diversidad del movimiento en sí; unido a las influencias misioneras, frecuentemente carentes de una identidad doctrinal definida o la capacidad para compartirla. Con todo, hay que destacar que el protestantismo español ha buscado consolidar, desde sus inicios, su propia expresión teológica, tratando de conectar en su teología y en su liturgia con la cultura autóctona.

En resumen, el protestantismo español, tal y como lo conocemos en nuestros días, arranca del siglo XIX, si bien bebe de las fuentes teológicas del XVI gracias, especialmente, a los aportes realizados por Luis Usoz y Río (1805-1865), Benjamín B. Wiffen (?–1867) y Eduard Boëhmer (1861-1940), que ponen al alcance de los españoles del XIX los textos de la Reforma del siglo XVI.

La pregunta que surge al hacer balance de ese período es: ¿Se dieron en España en los siglos XIX y XX las condiciones que se produjeron en el siglo XVI en otros países europeos para producir una verdadera reforma protestante? Veamos. Los protestantes españoles del siglo XIX y principios del XX, algunos de ellos con muy buena formación intelectual, se relacionaron, básicamente, con las capas más humildes de la sociedad, alcanzando un éxito considerable entre ellas, pero no lograron introducirse entre la clase dirigente ni en círculos intelectuales, salvo en muy contadas excepciones, y estas, estrictamente, a título personal. En lo que al compromiso ético se refiere, es necesario admitir que el honorabilísimo compromiso de muchos de los nuevos creyentes no llegó a tener la influencia social que hubiera logrado de haber sido proyectado desde otras plataformas de mayor arraigo e influencia social.

Hubo, no obstante, una aportación significativa, que bien pudo haber dado origen a una genuina reforma de haber conseguido que las doctrinas protestantes hubieran prendido en sectores prominentes. Nos referimos a la ingente y, podríamos decir, desproporcionada labor hecha en el campo de la enseñanza por eminentes protestantes de la época. Muchas de las iglesias de fe evangélica del período al que hacemos referencia nacieron como extensión de humildes colegios de enseñanza primaria, o bien los colegios dieron origen a la apertura de iglesias locales.

Efectivamente, los impulsores del protestantismo en España centraron su esfuerzo en dotar a su obra misionera de una ingente aportación social en el terreno educativo. Hay muchos ejemplos, pero algunos de ellos son realmente señeros: el Colegio de El Porvenir, en Madrid; la Escuela Modelo, en Alicante; la Escuela Evangélica de William Gulick y su esposa Alice Gordon, en Santander, y, por supuesto, el Instituto Internacional de la Mujer, primero en Santander y, posteriormente, en Madrid, bajo el nombre de Instituto Internacional o Escuela de Señoritas, en íntima conexión con la Institución Libre de Enseñanza, sin olvidar otros muchos, dignos de mayor encomio, como la Escuela de Jaca, dirigida por Salvador Ramírez Martínez, por mencionar uno más. Por desgracia, la guerra civil y la posterior Dictadura se encargarían de enterrar toda esperanza de permanencia y, salvo el Colegio de El Porvenir, todos los demás desaparecieron.

En cualquier caso, al analizar el protestantismo del siglo XIX, lo identifiquemos o no como segunda Reforma (término un tanto pretencioso como veremos a continuación), lo hacemos partiendo de una doble hipótesis: 1) Por una parte, reconociendo la influencia directa del protestantismo europeo, especialmente inglés y escocés, en su primera etapa, y de Suecia y otros países europeos, así como de los

Estados Unidos de Norteamérica, posteriormente. Por lo general, los protestantes españoles, además de recibir la fe por la intermediación de misioneros o iglesias foráneas, han reproducido en su eclesiología la cultura de las diferentes denominaciones extranjeras por las que han sido apadrinados; y eso mismo es aplicable a lo que afecta a su teología. 2) Y, por otra parte, es preciso constatar el genio peninsular de protestantes españoles como Manuel Matamoros, José Alhama y aquellos otros a los que ya hemos hecho referencia, unos contemporáneos y otros que siguieron sus huellas, que fueron capaces de imprimir a la fe importada una peculiar fuerza peninsular que la hizo resistir con firmeza los estragos de las persecuciones y el destierro.

En cualquier caso, es preciso dejar constancia de que, desde sus inicios, la implantación de las ideas promovidas por la Reforma se encuentra en España con una barrera prácticamente infranqueable: la falta de libertad religiosa, salvo en los paréntesis abiertos en el Sexenio Revolucionario (1868-1874), en la Segunda República (1931-1936) y, finalmente, en las últimas casi cuatro décadas, desde finales del siglo XX y principios del XXI, con el establecimiento de la democracia en España.

Otro elemento a destacar es que en el siglo XIX el inicio o reinicio del protestantismo en España no surge como fruto de una reflexión teológica o filosófica autóctona llevada a cabo en conventos o círculos intelectuales, como ocurriera en el siglo XVI, sino a partir de un esfuerzo misionero exógeno, manifestado en varios focos, como ya venimos apuntando. En su origen, inglés: Rule (metodista), Graydon (¿anglicano?), Borrow (cuáquero), Chapman (hermano); y, posteriormente, alemán: Fliedner (en el entorno luterano); o bien norteamericano: Gulick (congregacionalista), Knapp (bautista); o sueco: Lund y Haglund (bautistas), a cuyo esfuerzo se une la acción espontánea y aislada de algunos denodados españoles, en su mayoría sometidos a la influencia de la fe evangélica fuera de territorio español: Usoz y Río (menonita), Juan Bautista Cabrera (anglicano), etc.

Sea como fuere, dejamos constancia de que España es una de las naciones de Europa en la que no prospera la reforma religiosa en los siglos XVI y XVII, por unas causas, y tampoco en el siglo XIX, por otras. Este hecho nos reafirma en la idea de que el protestantismo español es un «protestantismo sin Reforma». España se queda de esta manera al margen del proceso de desarrollo intelectual e industrial que va a producirse en el norte y centro de Europa, precisamente a partir del impulso generado por la Reforma.

En resumen, denominar como segunda Reforma el reinicio de la presencia protestante del siglo XIX es más un eufemismo que una realidad, en lo que al significado de reforma se refiere, ya que no puede considerarse Reforma, con sentido de propiedad, a la adscripción de pequeños núcleos de labriegos, menestrales y otro tipo de personas pertenecientes al sector más humilde de la sociedad, a congregaciones protestantes bajo el liderazgo de unos pocos extranjeros a los que se unieron un puñado de curas, algunos de ellos rebotados de la Iglesia católica,[1] por muy heroicos y dignos de admiración que fueran. Bastante hicieron esas congregaciones con sobrevivir en medio de las dificultades surgidas y, en una sociedad hostil, mantener la fe y tratar de extender la Biblia por los pueblos y aldeas de España.

Héroes de esa etapa lo son los raros colportores,[2] muchos de ellos prácticamente analfabetos, que sembraron España de biblias y nuevos testamentos, y sirvieron como evangelistas y pastores bajo el denodado liderazgo de misioneros ingleses, suecos, alemanes y americanos, que hicieron una gran labor, pero que en manera alguna estaban capacitados para impulsar una verdadera y genuina Reforma protestante en España. Los pocos españoles de valía convertidos a la fe evangélica, que también los hubo, no supieron o no pudieron emular a un Lutero, a un Zuinglio, a un Calvino, a un Baltasar Hubmaier o a un Menno Simons.

Para que se hubiera producido una Reforma en España semejante a la que se produjo en los países centroeuropeos e, incluso, en Francia, tendrían que haber confluido los reformadores del XVI y las circunstancias sociológicas de semiapertura religiosa del XIX, cosa que no se produjo. Para que haya Reforma tienen que removerse los cimientos de la política y de la cultura; tiene que producirse un cambio notable de los abusos eclesiales y una reordenación de los dogmas y creencias en la Iglesia establecida. Y todo ello, en conformidad con las Escrituras declaradas sagradas; es decir, una verdadera convulsión, tal y como ocurriera en el siglo XVI, capaz de revitalizar la sociedad mediante la influencia de la Biblia.

Es cierto que desde el último tercio del siglo XX el crecimiento de iglesias y fieles de fe evangélica o protestante ha sido, y sigue siendo, espectacular. Sin embargo, siguiendo nuestra línea argumental, consideramos que sigue sin haber Reforma entrado ya el siglo XXI; aun más, sin que se vislumbre razonablemente que vaya a producirse, porque, en esta era de la secularización, las reformas no se producen desde las instituciones de turno, sino desde los movimientos sociales altamente motivados Y esos hechos no se han dado en España, ni hay evidencias razonables de que puedan darse en fechas más o menos inmediatas. Los tiempos que corren en Europa no son tiempos proclives para reformas religiosas.

En lo que a la transición se refiere, la muerte de Francisco Franco y la instauración en España de la democracia a finales de la década de los años setenta del siglo XX, dio paso a una verdadera transición política, cultural y económica que situó a España en el mundo occidental contemporáneo. No ha sido así en lo que al tema religioso se refiere. La Iglesia católica no es ya solo numéricamente superior y de un arraigo histórico y cultural indiscutible, sino que sigue siendo receptora de un

---

[1] Hay que salvar de esa descripción, tal vez excesivamente genérica, a algunos de esos líderes protestantes, anteriormente sacerdotes católicos, como Juan Bautista Cabrera, Cipriano Tornos y algún otro.

[2] Vendedores ambulantes de biblias, que recorrían los pueblos de España.

trato discriminatorio de favor por parte de las diferentes instancias del Estado, en menoscabo del trato conferido al resto de las confesiones religiosas.

3. Perfil teológico y eclesial

Pretendemos ahora analizar la evolución del protestantismo español, tomando como referencia las denominaciones o familias eclesiales más representativas. Si bien es cierto, como ya hemos indicado, que la herencia teológica de los reformadores del siglo XVI fue recuperada y ofrecida a sus herederos del siglo XIX en una magnífica colección preparada por Luis Usoz y Río denominada *Reformistas antiguos españoles*, no es menos cierto que el movimiento protestante que se origina en el siglo XIX bebe más de las teologías importadas por los misioneros luteranos, presbiterianos, anglicanos, bautistas o hermanos, que de las fuentes autóctonas de la Reforma del XVI.

Planteamos este apartado en cuatro grandes grupos: 1) iglesias vinculadas con la Reforma magisterial; 2) iglesias derivadas de la Reforma radical; 3) iglesias pentecostales; y 4) otros grupos de iglesias de diferente clasificación.

3.1. Iglesias vinculadas con la Reforma magisterial

Los escasos brotes protestantes anteriores a 1868 se localizan, básicamente, en Barcelona, Málaga y Granada. Pues bien, uno de los líderes más relevantes de la época, Francisco de Paula Ruet (1826-1878), a quien ya nos hemos referido anteriormente, recibe la influencia teológica de los valdenses, con sus raíces medievales pre-Reforma.

Superados los acontecimientos de 1868, y después de varios intentos, bajo denominación diferente, de formar la Iglesia Española Reformada, como ya hemos señalado anteriormente, nos encontramos con el primer fracaso de establecer una Iglesia unida: la falta de entendimiento entre los líderes de la época, que daría origen a la Iglesia Española Reformada Episcopal-IERE, por una parte, y a la Iglesia Evangélica Española-IEE, por otra, según ha quedado registrado.

La IEE aglutina a iglesias surgidas bajo teología presbiteriana, luterana y congregacionalista. A mediados del siglo XX (1955) se incorporarían las iglesias de tradición metodista, ubicadas especialmente en Baleares y Cataluña. La teología calvinista será uno de sus referentes más significativos.

En general, las iglesias presbiterianas han sido las que mayor apoyo e influencia han brindado a la IEE, por lo que no es de extrañar que sea la estructura y eclesiología presbiteriana la que prevalezca en estas iglesias que han pasado de ser una confederación a sentirse más y más una sola Iglesia autónoma de alcance nacional. En términos generales, en Madrid, la influencia más relevante sería presbiteriana y luterana, y, en Cataluña y Baleares, como ya se ha señalado anteriormente, metodista. La IEE suscribe el credo de los apóstoles y el niceno-constantinopolitano.

La Iglesia Evangélica Reformada Episcopal (IERE), bajo la dirección de su fundador y primer obispo, Juan Bautista Cabrera, seguiría la teología anglicana, buscando asimilar la tradición cristiana española, para lo que procura recuperar en su liturgia el rito de origen visigótico o mozárabe. Su vocación es convertirse en Iglesia nacional, con su propia liturgia y formularios de culto. Mantiene el nombre de 'Reformada', que recibe de los anteriores intentos de fundar una sola Iglesia protestante en España, tal vez como muestra de fidelidad a su propósito de «reformar» la Iglesia española. En palabras de su actual obispo, se trata de una Iglesia que se siente totalmente protestante y totalmente católica.

La IERE se apoya en los 39 puntos o artículos de la comunión anglicana, excepto el que hace referencia a las autoridades extranjeras. Fueron adoptados en el Sínodo de 1883. A estos hay que añadir las XXII Bases Generales aprobadas en el Sínodo de 1899 y la adopción de los credos apostólico, constantinopolitano y atanasio, desde el Sínodo de 1881. Su doctrina se manifiesta, a través de la liturgia que se recoge en el *Libro de Oficios Divinos*; y en ello se evidencia el peso de la influencia de la iglesia medieval.

En cualquier caso, salvo algunos guiños de aproximación a las tradiciones católicas y su estructura eclesial de tipo jerárquico, la IERE se ha movido preferentemente dentro de la corriente protestante manteniendo sólidos lazos de comunión con el resto de las denominaciones eclesiales vinculadas a la Reforma.

3.2. Iglesias derivadas de la Reforma radical

En este apartado, como ya hemos anticipado, nos ocupamos de los dos grupos eclesiales que surgen en el siglo XIX, conectados con la Reforma radical, bien sea por procedencia directa o por asimilación. Nos referimos a las Iglesias bautistas y a las Asambleas de Hermanos, conocidos como Hermanos de Plymouth, junto a otras de origen congregacionalista. En lo que se refiere a los Hermanos, una de sus características más peculiares es la pretensión de no organizarse en una denominación eclesial, y enfatizan, ya desde 1828, cuando comienzan a reunirse los primeros hermanos en Dublín, los puntos siguientes:

1. Volver de nuevo a las Escrituras, una reacción propia de la prevención contra las denominaciones eclesiales, así como una afirmación contra algunas prácticas surgidas en el seno de la Reforma del siglo XVI.
2. Tienden a sustituir el «orden» en el ministerio cristiano por el «carisma» o dones del Espíritu Santo. La figura del pastor ha sido históricamente rechazada; prefieren la denominación de anciano y ejercen el ministerio pastoral de forma colegiada.
3. Renuncian a la idea de «iglesia nacional», «denominación», «confederación» o cualquier otra forma de institucionalización semejante, aunque en la práctica terminan asumiendo alguna forma de organización supracongregacional.

4. Dan un especial protagonismo litúrgico al «partimiento del pan», o «mesa del Señor».
5. Al contrario de los «Hermanos cerrados» (de los que apenas hay vestigios en España), ponen mucho énfasis en la evangelización.

Su presencia en España se remonta a la época de Isabel II, cuando Roberto Chapman, abogado inglés, realiza una serie de viajes de «exploración espiritual» (1830). A Chapman le siguieron otros ingleses y se fundan las primeras asambleas: pronto se instalaron en Madrid, Barcelona, Galicia, Linares, León, Valladolid, Zamora y otros lugares de España.

Dentro de sus principales preocupaciones, los Hermanos tratan de evitar sufrir «desviaciones», no tanto de las normas creadas por ellos mismos, sino de los principios fundamentales extraídos de la Biblia.

Se produce una cierta contradicción. Mientras, por una parte, se reclama la autonomía absoluta de la iglesia local, la inexistencia de ministros ordenados o la negativa a cualquier forma de organización nacional, se reconoce, por otra parte, la autoridad de determinados dirigentes, que han ejercido o ejercen el liderazgo espiritual con una gran dosis de autoridad sobre las congregaciones o asambleas, emulando de alguna forma el papel tradicionalmente asignado a los obispos.

Cuestionan, por otra parte, el gobierno congregacional. Consideran que la idea de «iglesia soberana» dista mucho de concordar con la Sagrada Escritura. La palabra «democracia» referida a la iglesia, o la expresión «iglesia soberana», son términos que han sido tradicionalmente rechazados.

Practican una forma de gobierno presbiteriano, ejercido a través de los ancianos, que no son *ordenados*, sino *reconocidos*. Su organización es estrictamente congregacionalista, si bien su administración interna responde a un esquema presbiteriano. En la práctica, el fuerte liderazgo espiritual termina imponiendo un modelo de autoridad próximo en alguna medida al sistema episcopal.

Por su parte, los bautistas inician su andadura en España con la llegada en 1869 de William Ireland Knapp (1835-1908), procedente de Estados Unidos. En agosto de 1870 organiza Knapp la Iglesia bautista de Madrid y, muy pronto, la de Alicante. Manuel de Canencia, G. S. Ben Oliol, Ricardo Cifré, son seguidores comprometidos de la obra iniciada por Knapp, y a estos hay que añadir la incorporación de Erik A. Lund (1880), Augusto Haglund (1882) y Juan Uhr (1886), misioneros suecos. Estos misioneros van a dar un gran impulso a la obra bautista imprimiendo un sello teológico que enfatiza su vocación misionera y que va a caracterizar a las iglesias bautistas en el futuro. Su cuerpo doctrinal reclama la Biblia como única base de fe y práctica dentro de la más pura ortodoxia protestante.

Después de la primera etapa, en la que sobresale la influencia de misioneros suecos, y una fase de escaso apoyo externo, en la que los líderes nacionales asumen mayores responsabilidades, los bautistas reciben la influencia de la agencia misionera que toma el relevo de los misioneros suecos, es decir, los Bautistas del Sur de los Estados Unidos, a quienes la Alianza Bautista Mundial encomienda en 1920 el cuidado de sus correligionarios en España. Esta influencia no solo se va a dejar sentir por el férreo liderazgo inicial de los misioneros, sino a través de las publicaciones procedentes de la editora bautista de habla hispana ubicada en El Paso (Texas, Estados Unidos), de corte extremadamente conservadora, creando «un tipo de iglesias pietistas, muy preocupada por su estructura interna, que ha dificultado durante décadas el arraigo autóctono».

El marcado énfasis puesto por los bautistas americanos en la enseñanza de la Biblia, por medio de una escuela graduada por edades, denominada Escuela Dominical, con los materiales elaborados en su Casa de Publicaciones de los Estados Unidos para el mundo hispano, ha supuesto un medio de ideologización y adoctrinamiento cerrado que se ha visto reforzado durante décadas por el control de la formación teológica a los pastores en el seminario creado a tal fin en el año 1922. La propia confesión de fe de la Unión Evangélica Bautista de España es una adaptación de la confesión de fe de la Convención del Sur (Estados Unidos) de 1925 que, a su vez, adopta la confesión de New Hampshire de 1833.

Sin que exista un posicionamiento formal anticredos, los bautistas españoles, que están instalados prácticamente en toda la geografía española, han heredado una postura de rechazo hacia cualquier otro documento doctrinal que no sea la Biblia por considerar que esos tratados pueden obstaculizar la acción del Espíritu Santo en su tarea de inspirar la interpretación de la Palabra de Dios. Así pues, ni a los credos ni aún a la propia confesión de fe formalmente aceptada, se les confiere autoridad y apenas son tomados en consideración en la reflexión teológica. La teología se mueve dentro de un marco conservador y misionero enfatizando la independencia y autonomía de la iglesia local.

La influencia foránea ha fomentado un tipo de pietismo, no solo en los bautistas, sino también en otras comunidades evangélicas, que se ha manifestado en posturas antimundo, anticatolicismo y anti participación política, si bien en las últimas generaciones, ya bajo liderazgo autóctono, esas posturas se han visto progresivamente cuestionadas por algunos dirigentes y teólogos con formación e ideas más liberales, apreciándose por parte de algunos bautistas un mayor sentido de compromiso social y participación política, no siempre comprendido y aceptado por los grupos tradicionales.

Otro grupo es el integrado en la Federación de Iglesias Evangélicas Independientes de España (FIEIDE), en su origen (1957) promovida por diferentes pastores e iglesias que podrían clasificarse en tres grupos: 1) pastores e iglesias escindidos de la UEBE es decir, bautistas; 2) un grupo de congregaciones con identidad bautista independiente ubicadas en La Mancha y norte de Andalucía e integradas en la llamada Misión Evangélica Española, con sede en Valdepeñas; y 3) iglesias independientes y con trasfondo congregacionalista o de Asambleas de Hermanos, en Canarias y diferentes zonas de la península.

La mayoría de las iglesias de la FIEIDE tienen una teología preponderantemente bautista, aunque en su modelo organizativo enfatizan más la autonomía y la independencia de la iglesia local y está comprometida denominacionalmente con las Iglesias libres de Alemania y de Estados Unidos. Bautistas han sido o son sus líderes y teólogos más representativos: Samuel Vila, José M.ª Martínez, José Grau, Antonio Martínez Conesa y, en lo que se refiere a la zona de influencia de la Misión de Valdepeñas, Persy J. Buffard, inglés, afincado en España a partir de 1913.

A raíz de la eclosión misionera surgida a partir de la década de los setenta del siglo XX, que no ha cesado hasta la fecha, en España existen otros grupos bautistas, que se mantienen independientes.

3.3. Iglesias pentecostales y carismáticas

El pentecostalismo o, dicho con mayor propiedad, los pentecostalismos, son la rama protestante de implantación más tardía en la historia de la Reforma. Se trata de un movimiento complejo desde el punto de vista sociológico y difuso desde la perspectiva teológica, que nace bajo la sombra del metodismo wesleyano entre los años 1900 y 1909, y cuya paternidad se disputan la Escuela Bíblica Betel de Topeka (Kansas, 1901), la congregación metodista de Valparaíso (Chile, ¿1905?) y la Misión de la calle Azuza, en Los Ángeles (1906).

Si nos hacemos eco de las palabras de un autor pentecostal, la fotografía de los pentecostales pudiera ser la siguiente:

> Con respecto a la salvación por medio de la justificación por la fe, somos luteranos. En la forma de bautismo por las aguas, somos bautistas. Con respecto a la santificación, somos metodistas. En el evangelismo atacante, como el Ejército de Salvación. Pero en relación con el bautismo en el Espíritu Santo, somos pentecostales.[3]

Supone un riesgo intentar aglutinar, por afán de síntesis, los diferentes movimientos pentecostales mediante definiciones un tanto globalizadoras. Se trata de un mundo diverso y complejo, que se mueve dentro de una teología escrupulosamente conservadora, de implantación mayoritaria en sectores populares.

Nos encontramos con Iglesias institucionalizadas dentro de la más pura ortodoxia protestante y, en el lado extremo, con grupos sincretistas que tienden a apoyarse en un universo de símbolos populares y un montaje de culto-espectáculo, no

---

[3]   SEPÚLVEDA, Juan: «Características teológicas de un pentecostalismo autóctono. El caso chileno», en Benjamín Gutiérrez: *En la fuerza del Espíritu*; México y Guatemala: Airpral/Celep, 1995; p. 75.

exento de ciertos rituales en los que los signos de identidad protestantes quedan si no olvidados, altamente diluidos.

En el movimiento pentecostal se produce una centralidad de la experiencia religiosa que prevalece sobre la doctrina y que se comunica más con el lenguaje corporal y de los sentimientos que con el lenguaje de la razón, lo cual permite que los sectores populares se expresen con mayor facilidad de la forma como lo hacen en otras iglesias de corte más estructurado y celebraciones más rígidas.

Las diversas ramas pentecostales reivindican como una experiencia de valor contemporáneo el bautismo del Espíritu Santo, relatado en el libro de los Hechos de los Apóstoles, y enfatizan la santidad, la sanidad divina, el premileniarismo y la defensa de un tipo de congregacionalismo libre poco amante de las estructuras y organizaciones eclesiásticas, con frecuencia sometidas a un rígido liderazgo unipersonal.

Y si bien es cierto que sus comunidades no han podido sustraerse a la necesidad de unirse y organizarse en diferentes niveles para garantizar su supervivencia, la realidad es que son incontables las agrupaciones de iglesias que, bajo el denominador común de «pentecostal», forman ese amplio espectro del protestantismo contemporáneo, siendo hoy en día la pentecostal la confesión protestante más numerosa en los países de misión, incluido el subcontinente latinoamericano y España.

Desde el punto de vista teológico el «hablar en lenguas», o *glosolalia,* es la característica o seña de identidad más destacada entre los movimientos pentecostales, ya que, en lo que representa el núcleo teológico básico, asumen la teología de la Reforma. Aparte del concepto de salvación, de la vigencia del don de sanidad y del bautismo con el Espíritu Santo, que lleva consigo el hablar en lenguas, las iglesias pentecostales hacen un énfasis remarcado en la segunda venida de Cristo.

En su práctica cotidiana, la fe en el poder sanador de Dios ocupa un papel preponderante, produciéndose un cierto nivel de tensión entre el concepto de sanidad y el de salvación. Se ha llegado a afirmar que la sanidad funciona como evidencia de la expiación. Son frecuentes las campañas masivas llamadas «de sanidad», sustituyéndose así la más tradicional de evangelización, propia del resto de las iglesias evangélicas. Se funde así en una sola la experiencia la sanidad del cuerpo con la conversión del alma.

Siguiendo el manual pentecostal al que ya hemos hecho referencia anteriormente,[4] sintetizamos y asumimos como rasgos característicos del pentecostalismo los cuatro siguientes:

1. Un movimiento espiritual que trasciende la mera pertenencia eclesial y se manifiesta en una experiencia de fe en Dios, identificada con los signos de Pentecostés.

---

[4] Bernardo Luis Campos Morante, en Gutiérrez, *op. cit.*, pp. 57-72.

2. Un movimiento de protesta surgido de los «círculos de santidad» norteamericanos, derivados del «pietismo» inglés, con una clara herencia wesleyana que ha tenido y está teniendo su manifestación máxima en colectivos especialmente necesitados de la sociedad. En el caso de España, esta proclividad hacia los sectores más deprimidos se deja sentir de manera relevante entre los drogadictos y sus familias, así como entre los inmigrantes y la etnia gitana.

3. Un movimiento popular, que no solo ha irrumpido con fuerza en el subcontinente latinoamericano —y en otras partes de África y Asia, donde se ha producido un vertiginoso crecimiento de los pentecostalismos—, sino en España, donde en un corto período de tiempo se han convertido, con su diversidad, en el colectivo protestante más numeroso.

4. Un movimiento de cambio social que tiene sus raíces en la Reforma radical del siglo XVI.

El pentecostalismo se fundamenta más en la experiencia (subjetiva) que en la revelación de Dios (objetiva). Nos encontramos, pues, con una clara confrontación entre la clásica teología conceptual representada por Karl Barth (1886-1968) y la teología de la experiencia defendida por Jürgen Moltmann (n. 1926). Pasamos así del libro sagrado al testimonio, planteando el eterno dilema de poner el énfasis en los «dones del Espíritu» (1 Corintios 12), o en «los frutos del Espíritu» (Gálatas 5).

En España, bajo el impulso de Julia y Martín Wahlsten, misioneros suecos que se instalan en Gijón (1923), surge la primera iglesia de las Asambleas de Dios en España, a partir de un pequeño grupo bautista fundado por otro misionero sueco, en su origen bautista. En Madrid, otro sueco, Sven Johnson (1927), comienza la iglesia que se instala primero en Lavapiés, por muchos años en la calle Tortosa, n.º 3, y, finalmente, en la calle Fernando Díaz de Mendoza, n.º 3. En Ronda (Málaga) serán misioneros ingleses y norteamericanos los que den comienzo a la obra pentecostal (1930).

En la década de los sesenta se introduce entre algunos sectores de las Iglesias protestantes una corriente carismática que alcanza a pastores y líderes de Iglesias reformadas, bautistas y de hermanos, produciendo un proceso de pentecostalización de alguna de sus iglesias, con las consecuentes tensiones dentro de las respectivas denominaciones eclesiales, ya que se trata de una práctica que produce fuertes niveles de rechazo en determinados sectores más identificados con la Reforma tradicional.

A partir de los años setenta del pasado siglo, afluyen a España misioneros, procedentes en buena parte de América Latina, como consecuencia del movimiento carismático y, posteriormente, el denominado neopentecostalismo. Y al igual que ha ocurrido en Latinoamérica, la incursión en España de estas corrientes pentecostales ha producido en las iglesias históricas, una actitud variada: de indiferencia, en primer lugar, para dar paso a una creciente perplejidad para terminar ocupando un espacio importante entre el protestantismo español.

¿Por qué los neopentecostales, sin arraigo y con escasa identificación cultural con el pueblo y la historia española, crecen y las Iglesias tradicionales, con arraigo histórico y con una teología sólidamente identificada con la Reforma, no experimentan el mismo nivel de aceptación? Responder a esta pregunta no es tarea sencilla, a no ser que recurramos a la influencia de ciertos mecanismos sicológicos o a la tendencia cada vez más arraigada de comunicarse a través de la música y el lenguaje corporal más que por la palabra, tenga forma de discurso o de homilía. Y a esto hay que añadir que un amplio porcentaje de ese crecimiento se debe a la respuesta positiva de los inmigrantes de origen latinoamericano, muchos de ellos ya vinculados a las iglesias pentecostales antes de su llegada a España.

Aparte de las Asambleas de Dios, las iglesias consideradas dentro del movimiento pentecostal están integradas en diferentes federaciones o grupos denominacionales como Iglesias de Dios (escisión de las Asambleas de Dios en Estados Unidos), Evangélica Pentecostal Salem (división de Asambleas de Dios en su origen), Iglesia de Dios Pentecostal Española (origen: Estados Unidos), Buenas Nuevas (origen: Suecia), Iglesia Evangélica Cristiana Jesús Salva (origen: Argentina), Iglesia Evangélica Elim Pentecostal (origen: Inglaterra), Biblia Abierta (origen: Estados Unidos), Evangelio Cuadrangular (origen: Estados Unidos), Iglesias Apostólicas Pentecostales (origen: Estados Unidos y Alemania), ¡y otras más de identificación compleja!

Mención independiente merece el movimiento pentecostal entre gitanos, conocido, como Iglesias de Filadelfia, que tiene su primer punto de arraigo en Balaguer (Lérida, (1963 o 1965), de la mano de Claudio Salzano, *Palco*. Este movimiento tiene sus orígenes en Francia (1952) y su distintividad consiste en que se trata de un esfuerzo especialmente dirigido a gitanos, desarrollado por gitanos y cuyas iglesias están pastoreadas por gitanos, dentro de la teología y eclesiología pentecostal, más que por sus rasgos teológicos, ya que se trata de un colectivo que vive su fe y su cultura de una manera poco abierta a influencias externas, en el que el porcentaje de personas iletradas o con poca formación que, aunque ha mejorado con respecto a la población gitana no evangélica, sigue siendo estadísticamente elevado, y que, doctrinalmente, está inmerso dentro de la corriente pentecostal.

El movimiento gitano pentecostal se distingue por sus indicadores sociológicos: su peculiar capacidad para comunicarse entre sí; la preeminencia de sus patriarcas; el haber incorporado al culto rasgos muy significativos de su cultura (música, danza, etc.) que ha permitido interiorizar el mensaje evangélico plenamente identificado con los valores tradicionales del pueblo gitano: fidelidad, respeto a los mayores, sentido de trascendencia. El don carismático de hablar lenguas y su correspondiente don de profecía, son puntos básicos de este colectivo de iglesias; hay que añadir la peculiaridad de que, en general, las comunidades de creyentes suelen celebrar los servicios religiosos todos los días de la semana, con lo que las reuniones tienen, además de su componente religioso, un valor añadido de lugar de encuentro y de socialización de la comunidad.

Fieles a sus rasgos culturales, lo que decide el padre de familia o el patriarca suele ser aceptado por la comunidad como algo natural o, al menos, de forma bastante disciplinada. Si el padre de familia se convierte a la fe evangélica, su familia (esposa, hijos, nueras, nietos) sigue su ejemplo. Si es el patriarca el que asume el cambio de religión, la tendencia será que todas las familias del clan sigan su ejemplo. Nos recuerda el principio medieval de *Cuius regio, eius religio*, es decir, la confesión religiosa del príncipe se aplica a todos los ciudadanos del territorio.

Se trata, por otra parte, de un colectivo socialmente endogámico que muestra un cierto distanciamiento de lo que acontece fuera de ellos mismos, por lo que la relación con otras confesiones, incluidas las iglesias protestantes, es escasa. Su desconexión de la vida social y política responde a su propia condición social de pueblo oprimido y marginado.

3.4. Otros grupos de iglesias

Nos ocupamos, en primer lugar, de la Iglesia Cristiana Adventista del Séptimo Día, que inicia su presencia en España en Barcelona, de la mano de Francisco y Gualterio Bond (norteamericanos) en 1903.

La razón que da origen al nacimiento de los adventistas (1863 en Estados Unidos) es el atractivo que sobre algunos cristianos estudiosos de la Biblia ejerce el tema de las profecías escatológicas, de donde procede su propio nombre de «adventista», haciendo referencia a lo que ha de venir.

Las iglesias adventistas plantean una situación ambivalente, pues si bien su origen está indiscutiblemente vinculado a la Reforma protestante, procediendo sus primeros miembros de iglesias metodistas y bautistas, y manteniendo tanto en su teología como en su eclesiología las esencias bíblicas de la Reforma, solo en las últimas décadas se ha producido un proceso de acercamiento y tímida relación con el resto del movimiento protestante en España.

Justo es señalar que el protestantismo histórico tampoco ha sido muy proclive a aceptar a las iglesias adventistas y, si finalmente han sido admitidas en el seno de la Federación de Entidades Religiosas Evangélicas de España (FEREDE) o en consejos evangélicos, lo ha sido manteniendo ciertas reticencias, limitando su campo de actuación en dichas entidades y con la firme oposición de los sectores más conservadores del protestantismo. En realidad, el proceso de identificación se va produciendo en la medida en que el adventismo se ha ido afianzando y han sido superados ciertos sesgos propios de grupos emergentes, al igual que ha ocurrido con otras iglesias protestantes. También los adventistas pretenden que su razón de ser sea la vuelta a los orígenes y reivindican la Biblia como única fuente y regla de fe y doctrina.

Otro grupo dentro del ámbito protestante es el formado por las Iglesias de Cristo, un colectivo de congregaciones que reclaman para sí el nombre de *Movimiento de Restauración* y, siguiendo la pauta que el propio nombre sugiere, pretenden ser, a semejanza de la Reforma del siglo XVI, un movimiento de renovación y restauración de las doctrinas neotestamentarias en una iglesia (la iglesia cristiana en general) que, según la denuncia de esta denominación eclesial, con el paso de los siglos ha ido alejándose de sus raíces.

En lo que afecta a su posible influencia en el protestantismo español, tal vez no sea de excesiva relevancia; otra cosa es la persona de su fundador y propulsor en España, Juan Antonio Monroy, uno de los líderes protestantes más destacados de la segunda mitad del siglo XX que ha trabajado en la fundación de muchas de las iglesias que en su origen dieron lugar a este movimiento.

Existen otras iglesias evangélicas, de menos implantación en España, como la Menonita, los Hermanos en Cristo, el Ejército de Salvación, la Alianza Cristiana y Misionera, así como las iglesias no integradas en grupos denominacionales.

4. La Reforma en una sociedad católica

El protestantismo que rebrota en la España del siglo XIX nace y se desarrolla en medio de una cultura católico-romana producto de la ideología procedente de la Contrarreforma, una ideología profundamente arraigada en la sociedad española. Esta realidad significa que las Iglesias reformadas han tenido que afrontar ciertos síndromes ajenos a su propia naturaleza, como es el síndrome de la unidad de la Iglesia, unido a un clima de intolerancia, cuando no de persecución contra toda idea o práctica fuera del ámbito de la pretendida unidad católico-romana.

Frente al ideal católico de la unidad estructural de la Iglesia, la realidad protestante es la pluralidad de formas eclesiales y de énfasis teológicos diferentes, si bien teniendo como meta y objetivo central la unidad espiritual de todos aquellos que aceptan la justificación por la fe en Jesucristo.

La postura católica tiene una justificación histórica. España se anticipa a otros países europeos en la obtención de su unidad política, aun a pesar de la gran pluralidad geográfica, cultural y hasta lingüística que la configura, con cuya diversidad convive durante siglos. Inspirada en las ideas revolucionarias francesas, la Constitución de 1812 adopta criterio de unificación territorial y administrativa, ignorando con ello el sistema foral fuertemente asentado en el Antiguo Régimen. De esa forma, queda toda España cortada por un mismo patrón, lo cual supuso centralización. El carlismo y otras manifestaciones de la época, como pueda ser el estallido de la Primera República, dejan testimonio histórico de ese desajuste, que los ciudadanos repudian como algo extraño y forzado.

Este sentido de unidad procede de siglos anteriores y se aplica, igualmente, a la religión desde el reinado de Felipe II.

El catolicismo llega a ser el símbolo de la unidad. La fe única representada por una sola religión oficial era el lazo que unía, o que debería unir, a los pueblos de España, tanto del continente europeo como de ultramar. Bajo esta influencia cultural, aún en nuestros días, los protestantes siguen cayendo con frecuencia en la trampa de tratar de justificar su falta de unidad estructural como una carencia, cuando la pluralidad, fruto de la libertad, debería exhibirse como una virtud que enriquece y da sentido a la multiforme Iglesia universal; una virtud llamada a exaltar y fomentar la tolerancia que apoya un sistema de libre concurrencia de pareceres en el que la disidencia no es un delito o la discrepancia un motivo de choque.

El otro obstáculo que deben afrontar los protestantes españoles, al que ya hemos hecho referencia, es el de la falta de libertad religiosa, unida siempre a un elevado nivel de intolerancia, cuando no de abierta persecución. La tesis mantenida por la Iglesia católica y sus valedores políticos ha sido que ser español y católico son dos identidades que han de ir necesariamente unidas, de tal forma que cuando los legisladores se han avenido a establecer algún tipo de reconocimiento hacia la disidencia religiosa se ha materializado a favor de los posibles protestantes extranjeros con residencia en España, dando por supuesta la incompatibilidad entre ser español y practicar otra fe que no sea la católica.

Esa intolerancia se ha proyectado históricamente al terreno de la educación, al ámbito laboral y a la restricción de derechos, como el no poder acceder al magisterio, al periodismo o al Ejército, por poner solo unos pocos ejemplos. Una situación que comenzó a aliviarse a raíz de la Ley 44/1967, llamada impropiamente, por lo cicatera y restrictiva, de Libertad Religiosa, y que terminaría resolviéndose, al menos formalmente, con la Constitución de 1978 y la nueva Ley 7/1980 de Libertad Religiosa, una vez instaurada la democracia en España, si bien aún en ella perduran vestigios de discriminación a favor de la otrora religión oficial, tal y como queda recogido en el artículo 16.3.

Volviendo al siglo XIX, se trata de un período que se caracteriza, además de los rasgos ya señalados, por la lucha entre el liberalismo y el clericalismo. La religión representada por la Iglesia católica es un factor predominante, siempre alerta contra cualquier brote de ideas que pudieran contraponerse al dogma católico, cobrando una virulencia especial en la época absolutista de Fernando VII, en la que, según han afirmado algunos historiadores, se fundieron en uno el trono y el altar. Contra esta situación lucharon las fuerzas progresistas de la nación, sin demasiado éxito, si bien la aparición del liberalismo histórico en la España de la década de los treinta dio lugar a una etapa de consenso que hizo posible la Constitución de 1837.

Opuesto a la liberalización de las ideas y de las costumbres, el clero, disconforme con las medidas de reforma adoptadas por los gobiernos constitucionales (reducción de conventos, venta de parte de sus bienes, etc.), arremete con fuerza contra el liberalismo, injiriéndose en los asuntos de estado y provocando con ello el anticlericalismo, que define en buena medida la historia de la segunda mitad del siglo XIX y primer tercio del XX, como actitud que se caracteriza por la hostilidad del pueblo hacia el clero, tanto por la intromisión referida como a causa de la corrupción de costumbres de un sector de los propios clérigos.

De esta forma, la hostilidad entre el clero católico y los liberales será uno de los signos que marquen el siglo XIX. Una situación que en nada beneficia a las minorías protestantes, que siguen siendo consideradas como grupos exógenos.

Si avanzamos un poco más y nos adentramos en el siglo XX, comprobamos que la ideología religiosa de los españoles se ve muy influenciada por un cierto secularismo militante. Aunque, para ser más precisos, tal vez debamos añadir que se trata de un secularismo agnóstico de carácter liberal que ha hecho una aportación valiosa al mundo moderno, aportando una actitud tolerante, de respeto hacia lo diferente, contrapuesta a los fanatismos intolerantes de origen religioso.

En la sociedad actual, que defiende la libertad de conciencia y propugna los valores democráticos, las iglesias protestantes y sus instituciones han encontrado un medio de desarrollo propicio y su crecimiento numérico en estas últimas décadas ha sido y está siendo notable. Lo que resulta más lento es dejar sentir su influencia social en los diferentes ámbitos del entramado social, es decir, cubrir el espacio vacante de llevar a cabo una genuina reforma religiosa.

A modo de conclusión: El cristianismo en el siglo XXI

La propia pluralidad que caracteriza el protestantismo dificulta poder hacer una prospección de las posibilidades que pueda ofrecer en el futuro más allá del valor que pueda conferirse a nuestra propia subjetividad. Las diferentes ramas o familias derivadas de la Reforma viven la tensión que produce, por una parte, mantener la fidelidad a sus propias tradiciones y distintivos tanto doctrinales como eclesiales; y, por otra, la presión surgida a raíz de la celebración del Concilio Vaticano II en torno a la unidad de la Iglesia que el ecumenismo más ambicioso plantea como un paradigma a alcanzar definitivamente en el siglo XXI. Un objetivo que suele plantearse más como un logro estructural que como un proceso de afinidad espiritual.

Efectivamente, para algunos sectores del cristianismo actual el reto es la unidad formal y visible de la Iglesia, mientras que para otros se busca desarrollar con mayor intensidad la unidad espiritual de todos aquellos hombres y mujeres que se sienten identificados con una misma fe, siguiendo el consejo paulino de «guardar la unidad del Espíritu en el vínculo de la paz» (Efesios 4:3). Para otros sectores, sencillamente, el tema del ecumenismo no se encuentra entre sus preocupaciones inmediatas.

El siglo XX ha sido testigo de múltiples intentos tendentes a buscar, si no la unidad visible, orgánica, sí la relación fraterna entre semejantes. Los dos grandes acontecimientos registrados en esa dirección, a partir de la Conferencia Misionera Internacional de 1912 son: 1) la creación del Concilio Mundial de Iglesias (1948), que aglutina a más de 550 millones de cristianos procedentes de 120 países; y 2) los efectos derivados del Concilio Vaticano II (1962-1965).

Bajo la común denominación de 'ecumenismo', «el gran acontecimiento de nuestra era», según dijera el arzobispo de Canterbury William Temple, se han abierto mesas de diálogo para intentar ponerse de acuerdo en temas como la justificación por la fe, las ordenanzas o sacramentos (bautismo y eucaristía o cena del Señor), el reconocimiento mutuo de los ministros ordenados, la relación entre Sagradas Escrituras y tradición, el magisterio o autoridad del papa y los obispos y el papel que ocupa en la Iglesia la virgen María.

Las inquietudes por las relaciones ecuménicas entre las confesiones protestantes se remontan al siglo XIX, cuando se produjeron muy diversas alianzas y organizaciones eclesiásticas en el ámbito internacional, en respuesta a esa preocupación por buscar una expresión unida de la Iglesia cristiana. Sin pretender hacer mención de todos los proyectos llevados a cabo, pueden mencionarse los organismos o entidades siguientes:

1) La Alianza Evangélica Mundial, nacida en Londres en 1846, cuya finalidad consiste en estrechar los lazos entre «evangélicos».

2) La Asociación Internacional para la Libertad Religiosa, que se remonta a 1925 —si bien sus orígenes se encuentran en el Comité Internacional del Progreso Religioso—, promotora de los congresos de Boston (1900), Londres (1901), Ámsterdam (1903), Ginebra (1905), Boston (1907), Berlín (1910) y París (1913), de signo claramente liberal.

3) La Conferencia Misionera de Edimburgo (1910), donde se funda el movimiento Fe y Constitución y se hace un reparto de los campos misioneros.

4) El Consejo Internacional de las Misiones, organizado en Lake Mohonk, Nueva York, en 1921.

5) El Consejo Americano de las Iglesias Cristianas, bajo la dirección del pastor Carlos McIntire, en 1941, de corte muy conservador, contrarios al Consejo Ecuménico, al que consideran un peligro para el Evangelio y las libertades americanas, debido a su compromiso con el liberalismo y las tendencias políticas de izquierdas. Luego, a nivel internacional, se convertiría en Consejo Internacional de Iglesias Cristianas.

6) En 1942 se constituye la Asociación Nacional de Evangélicos, que representa a millones de evangélicos en los Estados Unidos, imparcial en cuanto a Consejo Mundial de Iglesias. Celebró un Congreso en Europa del 7 al 11 de agosto de 1949 (Clarens, Suiza), donde adoptó el acuerdo de impulsar la Alianza Evangélica.

Como ya hemos defendido anteriormente, es un hecho generalmente admitido que el protestantismo ejerció un papel importante en la configuración de los estados modernos europeos, manteniéndose ese ascendente aun en nuestros días en los países donde se implantó con mayor arraigo (Alemania, Dinamarca, Inglaterra, Noruega, Islandia, etc.) y manteniendo una poderosa influencia en algunos de ellos. En el clima de diversidad estructural y confrontación ideológica que hemos descrito, un aspecto importante a indagar es la influencia que las iglesias procedentes de la Reforma van a poder ejercer en el mundo contemporáneo.

En torno a este tema, son conocidos los estudios de Max Weber (1864-1920) y Ernst Troeltsh (1865-1923) enfatizando la importancia del protestantismo en la construcción del mundo moderno; y de manera especial el énfasis de Weber en la configuración del sistema económico-social occidental con su teoría del «espíritu del capitalismo», que alude a la ética social relacionada con un tipo de vida ascética derivada de la fe protestante en oposición a cualquier otro planteamiento que se apoye en una concepción social utilitaria y hedonista. Ese «estilo de vida», que se fundamenta en la ética protestante derivada de la fe calvinista, dio origen, según Weber, a configurar una sociedad que supo rentabilizar sus recursos productivos creando una cultura social de ahorro e inversión más favorable al desarrollo económico que la que predominaba en los países católicos.

Sería un atrevimiento irresponsable por nuestra parte tratar de establecer un paralelismo entre el modelo social de corte calvinista del siglo XVII y siguientes y la sociedad española del siglo XXI. Y mucho más atrevido, en el contexto político-social del neocapitalismo que se ha instalado en el mundo occidental. Sin embargo, salvando las distancias, valores como la ética en las relaciones interpersonales, el amor al trabajo bien hecho, el ahorro unido a una inversión responsable, la austeridad vs. hedonismo despilfarrador, seguramente serían factores identificados con la herencia protestante que ayudarían a crear una sociedad más justa y con capacidad de dar respuesta a los graves problemas que aquejan a la sociedad actual.

En países como México, Brasil, Guatemala, Chile y otros muchos de América Latina, en los que el crecimiento del protestantismo está siendo muy notable, vuelve a mostrarse en esos sectores la importancia social que puede llegar a tener el practicar un determinado «estilo de vida» fundamentado en una ética capaz de cambiar las costumbres licenciosas (alcoholismo, promiscuidad sexual, juego, delincuencia, etc.), especialmente en los padres de familia, reintegrándolos a un trabajo honesto y responsable. Así lo constatan estudios que se han hecho en sectores de confesión evangélica en esos países. No solo cambian los individuos, sino las familias y el ámbito social en el que se mueven, reproduciendo con ello el cuadro que Weber describe con respecto a la influencia del calvinismo en la época por él estudiada.

Concluimos que los modelos no pueden adoptarse acríticamente y que será preciso, en todo caso, y en lo que al mundo occidental se refiere, descubrir de qué forma los ciudadanos de fe evangélica o protestante pueden contribuir a crear una sociedad más justa en la que los valores defendidos por el cristianismo puedan servir de referente para producir el cambio social que la creciente decadencia ética está demandando.

ANEXOS

Anexo n.º 1
Las 95 tesis de Martín Lutero

Por amor a la verdad y en el afán de sacarla a luz, se discutirán en Wittenberg las siguientes proposiciones bajo la presidencia del R. P. Martín Lutero, maestro en Artes y en Sagrada Escritura y profesor ordinario de esta última disciplina en esa localidad. Por tal razón, ruega que los que no puedan estar presentes y debatir oralmente con nosotros, lo hagan, aunque ausentes, por escrito.

En el nombre de nuestro Señor Jesucristo. Amén.

1. Cuando nuestro Señor y Maestro Jesucristo dijo «Haced penitencia…», quiso que toda la vida de los creyentes fuera penitencia.
2. Este término no puede entenderse en el sentido de la penitencia sacramental (es decir, de aquella relacionada con la confesión y satisfacción) que se celebra por el ministerio de los sacerdotes.
3. Sin embargo, el vocablo no apunta solamente a una penitencia interior; antes bien, una penitencia interna es nula si no obran exteriormente diversas mortificaciones de la carne.
4. En consecuencia, subsiste la pena mientras perdura el odio al propio yo (es decir, la verdadera penitencia interior), lo que significa que ella continúa hasta la entrada en el reino de los Cielos.
5. El papa no quiere ni puede remitir culpa alguna, salvo aquella que él ha impuesto, sea por su arbitrio, sea por conformidad a los cánones.
6. El papa no puede remitir culpa alguna, sino declarando y testimoniando que ha sido remitida por Dios, o remitiéndola con certeza en los casos que se ha reservado. Si estos fuesen menospreciados, la culpa subsistirá íntegramente.
7. De ningún modo Dios remite la culpa a nadie, sin que al mismo tiempo lo humille y lo someta en todas las cosas al sacerdote, su vicario.
8. Los cánones penitenciales han sido impuestos únicamente a los vivientes y nada debe ser impuesto a los moribundos basándose en los cánones.
9. Por ello, el Espíritu Santo nos beneficia en la persona del papa, quien en sus decretos siempre hace una excepción en caso de muerte y de necesidad.
10. Mal y torpemente proceden los sacerdotes que reservan a los moribundos penas canónicas en el Purgatorio.

11. Esta cizaña, cual la de transformar la pena canónica en pena para el Purgatorio, parece por cierto haber sido sembrada mientras los obispos dormían.

12. Antiguamente, las penas canónicas no se imponían después, sino antes de la absolución, como prueba de la verdadera contrición.

13. Los moribundos son absueltos de todas sus culpas a causa de la muerte y ya son muertos para las leyes canónicas, quedando de derecho exentos de ellas.

14. Una pureza o caridad imperfectas traen consigo para el moribundo, necesariamente, gran miedo; el cual es tanto mayor cuanto menor sean aquellas.

15. Este temor y horror son suficientes por sí solos (por no hablar de otras cosas) para constituir la pena del Purgatorio, puesto que están muy cerca del horror de la desesperación.

16. Al parecer, el Infierno, el Purgatorio y el Cielo difieren entre sí como la desesperación, la cuasi desesperación y la seguridad de la salvación.

17. Parece necesario para las almas del Purgatorio que, a medida que disminuya el horror, aumente la caridad.

18. Y no parece probado, sea por la razón o por las Escrituras, que estas almas estén excluidas del estado de mérito o del crecimiento en la caridad.

19. Y tampoco parece probado que las almas en el Purgatorio, al menos en su totalidad, tengan plena certeza de su bienaventuranza ni aún en el caso de que nosotros podamos estar completamente seguros de ello.

20. Por tanto, cuando el papa habla de remisión plenaria de todas las penas, no significa simplemente el perdón de todas ellas, sino solamente el de aquellas que él mismo impuso.

21. En consecuencia, yerran aquellos predicadores de indulgencias que afirman que el hombre es absuelto, a la vez que salvo de toda pena, a causa de las indulgencias del papa.

22. De modo que el papa no remite pena alguna a las almas del Purgatorio que, según los cánones, ellas debían haber pagado en esta vida.

23. Si a alguien se le puede conceder en todo sentido una remisión de todas las penas, es seguro que ello solamente puede otorgarse a los más perfectos, es decir, muy pocos.

24. Por esta razón, la mayor parte de la gente es necesariamente engañada por esa indiscriminada y jactanciosa promesa de la liberación de las penas.

25. El poder que el papa tiene universalmente sobre el Purgatorio, cualquier obispo o cura lo posee en particular sobre su diócesis o parroquia.

26. Muy bien procede el papa al dar la remisión a las almas del Purgatorio, no en virtud del poder de las llaves (que no posee), sino por vía de la intercesión.

27. Mera doctrina humana predican aquellos que aseveran que tan pronto suena la moneda que se echa en la caja, el alma sale volando.

28. Cierto es que, cuando al tintinear, la moneda cae en la caja, el lucro y la avaricia pueden ir en aumento, mas la intercesión de la Iglesia depende solo de la voluntad de Dios.

29. ¿Quién sabe, acaso, si todas las almas del Purgatorio desean ser redimidas? Hay que recordar lo que, según la leyenda, aconteció con San Severino y San Pascual.

30. Nadie está seguro de la sinceridad de su propia contrición y mucho menos de que haya obtenido la remisión plenaria.

31. Cuán raro es el hombre verdaderamente penitente, tan raro como el que en verdad adquiere indulgencias; es decir, que el tal es rarísimo.

32. Serán eternamente condenados, junto con sus maestros, aquellos que crean estar seguros de su salvación mediante una carta de indulgencias.

33. Hemos de cuidarnos mucho de aquellos que afirman que las indulgencias del papa son el inestimable don divino por el cual el hombre es reconciliado con Dios.

34. Pues aquellas gracias de perdón solo se refieren a las penas de la satisfacción sacramental, las cuales han sido establecidas por los hombres.

35. Predican una doctrina anticristiana aquellos que enseñan que no es necesaria la contrición para los que rescatan almas o compran billetes de confesión.

36. Cualquier cristiano verdaderamente arrepentido tiene derecho a la remisión plenaria de pena y culpa, aun sin carta de indulgencias.

37. Cualquier cristiano verdadero, sea que esté vivo o muerto, tiene participación en todos los bienes de Cristo y de la Iglesia; esta participación le ha sido concedida por Dios, aun sin cartas de indulgencias.

38. No obstante, la remisión y la participación otorgadas por el papa no han de menospreciarse en manera alguna, porque, como ya he dicho, constituyen un anuncio de la remisión divina.

39. Es dificilísimo, hasta para los teólogos más brillantes, ensalzar al mismo tiempo, ante el pueblo la prodigalidad de las indulgencias y la verdad de la contrición.

40. La verdadera contrición busca y ama las penas, pero la profusión de las indulgencias relaja y hace que las penas sean odiadas; por lo menos, da ocasión para ello.

41. Las indulgencias apostólicas deben predicarse con cautela para que el pueblo no crea equivocadamente que deban ser preferidas a las demás buenas obras de caridad.

42. Debe enseñarse a los cristianos que no es la intención del papa, en manera alguna, que la compra de indulgencias se compare con las obras de misericordia.

43. Hay que instruir a los cristianos que aquel que socorre al pobre o ayuda al indigente, realiza una obra mayor que si comprase indulgencias.

44. Porque la caridad crece por la obra de caridad y el hombre llega a ser mejor; en cambio, no lo es por las indulgencias, sino a lo más, liberado de la pena.

45. Debe enseñarse a los cristianos que el que ve a un indigente y, sin prestarle atención, da su dinero para comprar indulgencias, lo que obtiene en verdad no son las indulgencias papales, sino la indignación de Dios.

46. Debe enseñarse a los cristianos que, si no son colmados de bienes superfluos, están obligados a retener lo necesario para su casa y de ningún modo derrocharlo en indulgencias.

47. Debe enseñarse a los cristianos que la compra de indulgencias queda librada a la propia voluntad y no constituye obligación.

48. Se debe enseñar a los cristianos que, al otorgar indulgencias, el papa tanto más necesita cuanto desea una oración ferviente por su persona, antes que dinero en efectivo.

49. Hay que enseñar a los cristianos que las indulgencias papales son útiles si en ellas no ponen su confianza, pero muy nocivas si, a causa de ellas, pierden el temor de Dios.

50. Debe enseñarse a los cristianos que, si el papa conociera las exacciones de los predicadores de indulgencias, preferiría que la basílica de San Pedro se redujese a cenizas antes que construirla con la piel, la carne y los huesos de sus ovejas.

51. Debe enseñarse a los cristianos que el papa estaría dispuesto, como es su deber, a dar de su peculio a muchísimos de aquellos a los cuales los pregoneros de indulgencias sonsacaron el dinero, aun cuando para ello tuviera que vender la basílica de San Pedro, si fuera menester.

52. Vana es la confianza en la salvación por medio de una carta de indulgencias, aunque el comisario y hasta el mismo papa pusieran su misma alma como prenda.

53. Son enemigos de Cristo y del papa los que, para predicar indulgencias, ordenan suspender por completo la predicación de la palabra de Dios en otras iglesias.

54. Oféndese a la palabra de Dios, cuando en un mismo sermón se dedica tanto o más tiempo a las indulgencias que a ella.

55. Ha de ser la intención del papa que si las indulgencias (que muy poco significan) se celebran con una campana, una procesión y una ceremonia, el Evangelio (que es lo más importante) deba predicarse con cien campanas, cien procesiones y cien ceremonias.

56. Los tesoros de la iglesia, de donde el papa distribuye las indulgencias, no son ni suficientemente mencionados ni conocidos entre el pueblo de Dios.

57. Que, en todo caso, no son temporales, resulta evidente por el hecho de que muchos de los pregoneros no los derrochan, sino, más bien, los atesoran.

58. Tampoco son los méritos de Cristo y de los santos, porque estos siempre obran, sin la intervención del papa, la gracia del hombre interior y la cruz, la muerte y el Infierno del hombre exterior.
59. San Lorenzo dijo que los tesoros de la Iglesia eran los pobres, mas hablaba usando el término en el sentido de su época.
60. No hablamos exageradamente si afirmamos que las llaves de la Iglesia (donadas por el mérito de Cristo) constituyen ese tesoro.
61. Está claro, pues, que para la remisión de las penas y de los casos reservados, basta con la sola potestad del papa.
62. El verdadero tesoro de la iglesia es el sacrosanto Evangelio de la gloria y de la gracia de Dios.
63. Empero este tesoro es, con razón, muy odiado, puesto que hace que los primeros sean postreros.
64. En cambio, el tesoro de las indulgencias, con razón, es sumamente grato, porque hace que los postreros sean primeros.
65. Por ello, los tesoros del Evangelio son redes con las cuales en otros tiempos se pescaban hombres poseedores de bienes.
66. Los tesoros de las indulgencias son redes con las cuales ahora se pescan las riquezas de los hombres.
67. Respecto a las indulgencias que los predicadores pregonan con gracias máximas, se entiende que efectivamente lo son en cuanto proporcionan ganancias.
68. No obstante, son las gracias más pequeñas en comparación con la gracia de Dios y la piedad de la cruz.
69. Los obispos y curas están obligados a admitir con toda reverencia a los comisarios de las indulgencias apostólicas.
70. Pero tienen el deber aún más de vigilar con todos sus ojos y escuchar con todos sus oídos para que esos hombres no prediquen sus propios ensueños en lugar de lo que el papa les ha encomendado.
71. Quién habla contra la verdad de las indulgencias apostólicas, sea anatema y maldito.
72. Mas quien se preocupa por los excesos y demasías verbales de los predicadores de indulgencias, sea bendito.
73. Así como el papa justamente fulmina excomunión contra los que maquinan algo, con cualquier artimaña de venta en perjuicio de las indulgencias.
74. Tanto más trata de condenar a los que, bajo el pretexto de las indulgencias, intrigan en perjuicio de la caridad y la verdad.
75. Es un disparate pensar que las indulgencias del papa sean tan eficaces como para que puedan absolver, para hablar de algo imposible, a un hombre que haya violado a la madre de Dios.
76. Decimos, por el contrario, que las indulgencias papales no pueden borrar el más leve de los pecados veniales, en lo que concierne a la culpa.

77. Afirmar que, si San Pedro fuese papa hoy, no podría conceder mayores gracias, constituye una blasfemia contra San Pedro y el papa.

78. Sostenemos, por el contrario, que el actual papa, como cualquier otro, dispone de mayores gracias, a saber: el Evangelio, las virtudes espirituales, los dones de sanidad, etc., como se dice en 1.ª de Corintios 12.

79. Es blasfemia aseverar que la cruz con las armas papales, llamativamente erecta, equivale a la cruz de Cristo.

80. Tendrán que rendir cuenta los obispos, curas y teólogos al permitir que charlas tales se propongan al pueblo.

81. Esta arbitraria predicación de indulgencias hace que ni siquiera, aun para personas cultas, resulte fácil salvar el respeto que se debe al papa, frente a las calumnias o preguntas indudablemente sutiles de los laicos.

82. Por ejemplo: ¿Por qué el papa no vacía el Purgatorio a causa de la santísima caridad y la muy apremiante necesidad de las almas, lo cual sería la más justa de todas las razones si él redime un número infinito de almas a causa del muy miserable dinero para la construcción de la basílica, lo cual es un motivo completamente insignificante?

83. Del mismo modo: ¿Por qué subsisten las misas y aniversarios por los difuntos y por qué el papa no devuelve o permite retirar las fundaciones instituidas en beneficio de ellos, puesto que ya no es justo orar por los redimidos?

84. Del mismo modo: ¿Qué es esta nueva piedad de Dios y del papa según la cual conceden al impío y enemigo de Dios, por medio del dinero, redimir un alma pía y amiga de Dios, y por qué no la redimen más bien, a causa de la necesidad, por gratuita caridad hacia esa misma alma pía y amada?

85. Del mismo modo: ¿Por qué los cánones penitenciales que de hecho y por el desuso desde hace tiempo están abrogados y muertos como tales, se satisfacen no obstante hasta hoy por la concesión de indulgencias, como si estuviesen en plena vigencia?

86. Del mismo modo: ¿Por qué el papa, cuya fortuna es hoy más abundante que la de los más opulentos ricos, no construye tan solo una basílica de San Pedro de su propio dinero, en lugar de hacerlo con el de los pobres creyentes?

87. Del mismo modo: ¿Qué es lo que remite el papa y qué participación concede a los que por una perfecta contrición tienen ya derecho a una remisión y participación plenarias?

88. Del mismo modo: ¿Qué bien mayor podría hacerse a la Iglesia si el papa, como lo hace ahora una vez, concediese estas remisiones y participaciones cien veces por día a cualquiera de los creyentes?

89. Dado que el papa, por medio de sus indulgencias, busca más la salvación de las almas que el dinero, ¿por qué suspende las cartas e indulgencias ya anteriormente concedidas, si son igualmente eficaces?

90. Reprimir estos sagaces argumentos de los laicos solo por la fuerza, sin desvirtuarlos con razones, significa exponer a la Iglesia y al papa a la burla de sus enemigos y contribuir a la desdicha de los cristianos.

91. Por tanto, si las indulgencias se predicasen según el espíritu y la intención del papa, todas esas objeciones se resolverían con facilidad o más bien no existirían.

92. Que se vayan, pues todos aquellos profetas que dicen al pueblo de Cristo: «Paz, paz»; y no hay paz.

93. Que prosperen todos aquellos profetas que dicen al pueblo: «Cruz, cruz» y no hay cruz.

94. Es menester exhortar a los cristianos a que se esfuercen por seguir a Cristo, su cabeza, a través de penas, muertes e Infierno.

95. Y a confiar en que entrarán al Cielo a través de muchas tribulaciones, antes que por la ilusoria seguridad de paz.

Wittenberg, 31 de octubre de 1517

Anexo n.º 2
Cuadro estadístico del protestantismo español

Nombre de la agrupación o iglesia	Número aprox.	Centros y congregaciones
Interdenominacionales		**232**
FEREDE, Consejos y otros	23	
Agrupación Evangélica	97	
Agrupación Evangélica Española	15	
Otras Iglesias interdenominacionales	97	
Iglesia Evangélica Española (IEE)		**40**
Iglesias presbiterianas, reformadas y luteranas		**67**
Presbiterianas	31	
Luteranas	7	
Metodistas	5	
Reformadas	24	
Comunión anglicana		**50**
Iglesia Española Reformada Episcopal (IERE)	31	
Sección Española de la Diócesis en Europa	19	
Iglesias bautistas e Iglesias libres		**349**
Unión Evangélica Bautista Española	181	
Federación de Igl. Evang. Indep. de España (FIEIDE)	97	
Otras iglesias bautistas	71	
Asambleas de Hermanos		**200**
Iglesias Pentecostales		**817**
Asambleas de Dios		
Asambleas de Dios de España (FADE)	284	
Asambleas de Dios de las Islas Canarias	8	
Federación de Igl. Evang. Pentecostales de España (FIEPE)	17	

Nombre de la agrupación o iglesia	Número aprox.	Centros y congregaciones
Federación de Igl. Apost. Pentecostales de España (FIAPE)	17	
Iglesias de Dios de España (FIDE)	31	
Asociación Evangélica Salem	12	
Iglesia de la Biblia Abierta	13	
Iglesia Cuerpo de Cristo	74	
Iglesias del Evangelio Cuadrangular	20	
Otras Iglesias Pentecostales	341	
Iglesia de Filadelfia		**660**
Iglesias Carismáticas		**200**
Iglesias de Buenas Noticias	19	
Asamblea Cristiana	7	
Asociación para la Evang. Mundial para Cristo (AEMC)	18	
Movimiento Misionero Mundial	23	
Iglesias Betania	32	
Otras Iglesias Carismáticas no agrupadas	101	
Iglesias con menos de 20 lugares de culto		**42**
Iglesias de Cristo	17	
Ejercito de Salvación	14	
Iglesias Menonitas	11	
Otras Iglesias y no agrupadas		**1095**
Iglesias Adventistas (UICASDE)		**158**
Total general		**3910**

Cuadro elaborado por FEREDE partiendo de la suma de lugares de culto (3910) que figuran en la base de datos de la Fundación Pluralismo y Convivencia. Sobre este total, se han desglosado evitando duplicidades los datos que disponemos del Vademécum Evangélico de 2017 (3234 centros) y el de las Iglesias afiliadas a FEREDE.

El número de iglesias incluido en el apartado 11, «Otras Iglesias y no agrupadas», no está depurado en lo que a su afinidad denominacional se refiere. Esto es debido a que, en la mayoría de los casos de ese apartado, no disponemos de datos que nos permitan complementar la información.

BIBLIOGRAFÍA DE REFERENCIA

ALONSO BURGOS, J.: *Luteranismo en Castilla durante el s. XVI;* Madrid: Ed. Swan, 1983.

ÁLVAREZ, C.: *Celebremos la fiesta;* San José (Costa Rica): DEI, 1986.

ARANGUREN, J. L. L.: *Catolicismo y protestantismo como formas de existencia;* Madrid: Revista de Occidente, 1952.

ASSMAN, H.: *Teología desde la praxis de la liberación;* Salamanca: Sígueme, 1976.

Bases y cánones; Madrid: IERE, 1971.

BRANCO, Paulo: *Historia del Movimiento Pentecostal en España;* Jerez de la Frontera (España): Iglesia Evangélica Betel, 1993.

CAMPBELL, T.: *Movimiento de Restauración: Historia y documentos;* Madrid: Irmayol, 1987.

CANTÓN DELGADO, M., y otros: *Gitanos pentecostales;* Sevilla: Signatura Ediciones de Andalucía, 2004.

CASTRO, A.: *Historia de los protestantes españoles y de su persecución por Felipe II;* Cádiz: Imprenta, Librería y Litografía de la Revista Médica, 1851.

Catecismo de doctrina cristiana, IEE (s/f).

CONDE OBREGÓN, Ramón: *Martín Lutero. Un rebelde con causa;* Barcelona: Verón Editores, 1999.

Confesión de fe de la Iglesia Evangélica Española; Madrid-Barcelona: IEE (s/f).

COX, H.: *La religión en la ciudad secular;* Santander: Sal Terrae, 1985.

CRIVELLI, C.: *El mundo protestante: Confesioneo;* Madrid: SEA, 1964.

Declaración de doctrina aprobada en el Sínodo del año 1883; Madrid: IERE, 1975.

ESTEBAN, Jorge de: *Las Constituciones de España;* Madrid: Taurus, 1983.

ESTEP, William R.: *Revolucionarios del siglo XVI;* El Paso (Texas, EE. UU.): Casa Bautista de Publicaciones, 1975.

ESTRUCH, J.: *Los protestantes españoles;* Barcelona: Ed. Nova Terrae, 1967.

GARCÍA RUIZ, M.: *Historia de los bautistas en España;* Madrid: Unión Bautista de España, 2009.

GONZAGA, J.: *Concilios;* Michigan (EE. UU.): International Publications, 1966; 2 vols.

GONZÁLEZ VILLA, A., y otros: *El significado del movimiento de los hermanos,* Tánger, Literatura Bíblica (s/f).

GONZÁLEZ, Justo L.: *Historia de la Reforma;* Miami (Florida): Logoi Inc., 2003.

GUTIÉRREZ MARÍN, M.: *Historia de la Reforma en España;* Barcelona: Producciones Editoriales del Nordeste, 1975.

GUTIÉRREZ, B. F.: *En la fuerza del Espíritu;* México: Airpral/Celep, 1991.

Iglesia bautista. Comunidad de creyentes; Madrid: 2010, 3.ª edición.

KAMEN, H.: *La inquisición española;* Barcelona: Ed. Crítica, 1967.

Leonard, E. G.: *Historia general del protestantismo;* Madrid: Ed. Península, 1967; 4 vols.

Libertad religiosa en España. Un largo camino; Madrid: CEM, 2006.

López Lozano, C.: *Precedentes de la Iglesia Española Reformada Episcopal;* Madrid: Ed. IERE, 1991.

López Rodríguez, M.: *La España protestante;* Madrid: Sedmay Ed., 1976; McDonough, R. M., 1981.

Manifiesto de la Iglesia Cristiana Adventista del Séptimo Día; Madrid: Iglesia Adventista, 1965.

Muirhead, H. H.: *Historia del cristianismo;* El Paso (Texas, EE. UU.): Casa Bautista de Publicaciones, 1953; 3 vols.

Neill, S.: *El anglicanismo;* Madrid: IERE, 1986.

Saladrigas, R.: *Las confesiones no católicas en España;* Barcelona: Ed. Península, 1971.

Torres de Castilla, A.: *Historia de las persecuciones políticas y religiosas ocurridas en Europa desde la Edad Media hasta nuestros días;* Barcelona: Imprenta y Librería de Salvador Manero, 1866; 3 vols.

Van Lennep, M. K.: *La historia de la Reforma en España en el siglo XVI;* Michigan (EE. UU.): Subcomisión Literatura Cristiana, 1984.

Vidal, D.: *Nosotros, los protestantes españoles;* Madrid: Ed. Moravia, S. L., 1968.

Vilar, J.: *Intolerancia y libertad en la España contemporánea;* Madrid: Ed. Istmo, S. A., 1991.

—*Un siglo de protestantismo en España. Águilas-Murcia, 1893-1979;* Murcia: Univ. Murcia, 1979.

Weber, M.: *La ética protestante y el espíritu del capitalismo;* Barcelona: Península, 1969.

Williams, G. H.: *La Reforma radical;* México: Fondo de Cultura Económica, 1983.

Wisse, G.: *Las tres columnas centrales de la Reforma;* Róterdam (Países Bajos): Fundación Misión Evangélica para España, 1989.

Yoder, J. H.: *Textos escogidos de la Reforma radical;* Buenos Aires: Ed. La Aurora, 1976.

Printed in the USA
CPSIA information can be obtained
at www.ICGtesting.com
LVHW011200230724
785408LV00011B/41